シンガポール
SINGAPORE

おとな旅プレミアム PREMIUM

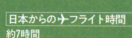

日本からの ✈ フライト時間
約7時間

シンガポールの空港
チャンギ国際空港
MAP 付録P.3 F-2
シンガポール市内中心部の
シティ・ホール駅までMRTで約40分

ビザ
3カ月以内の観光なら不要

時差
日本	0	1	2	3	4	5	6	7	8	9	10	11	12	13	14	15	16	17	18	19	20	21	22	23
シンガポール	23	0	1	2	3	4	5	6	7	8	9	10	11	12	13	14	15	16	17	18	19	20	21	22

通貨と換算レート
シンガポール・ドル (S$)

S$1=115円（2025年1月現在）

チップ
基本的に不要 ▶P.11、81、169

言語
マレー語、英語、中国語（マンダリン）、タミール語

シンガポール

CONTENTS

- シンガポールへ出発！ …4
- 出発前に知っておきたい …8
  - シンガポールのエリアと主要スポット …8
  - 滞在のキホン …10
  - NEWS & TOPICS …12
- 至福のシンガポール
  モデルプラン …14

シンガポールでぜったいしたい10のコト …19
BEST 10 THINGS TO DO IN SINGAPORE

- 01 ガーデンズ・バイ・ザ・ベイ …20
- 02 シンガポール植物園 …26
- 03 マリーナベイ・サンズ …30
- 04 南国の夜絶景 …36
- 05 ラッフルズ …40
- 06 ホーカーズ＆フードコート …44
- 07 4大動物園 …50
- 08 プラナカン …58
- 09 最新ミュージアム …64
- 10 セントーサ島 …68
  - 話題の写真映えスポットへ …78

GOURMET …79
グルメ

- 食べたいものを食べる！ …80
- 名物チキンライス7店 …82
- 最高の贅沢！
  旨いチリクラブ3店 …86
- 絶品味で行列のヌードル6店 …88
- 大迫力！
  フィッシュヘッドカレー4店 …90
- ディープな
  ローカルフード6店 …92
- 必食！看板料理の
  ローカル食堂4店 …94
- 駐在員も太鼓判の
  ハイクラスレストラン3店 …96
- お茶も料理も文句なし
  アフタヌーンティー＆
  ハイティー2店 …98
- ゆったり時間が流れる
  コピティアム4店 …100
- おしゃれ最新カフェ5店 …102
- レトロな心地の
  中国茶館3店 …104
- 独特の
  ローカル・スイーツ21種 …106
- 今、巷で人気！
  進化系のスイーツショップ4店 …108
- 夜景に見とれたい
  展望バー＆レストラン4店 …110
- タイプ別におすすめ！
  個性あふれるバー5店 …112

SHOPPING … 115
ショッピング

欲しいものはここにある！… 116
色とりどりの
エスニックな逸品をゲット8店 … 118
シンガポール・デザインを
手に入れる … 122
SG女子お気に入りの
ファッション4店 … 124
世界のコスメが大集合5店 … 126
世界が認めたティーブランド4 … 128
喜ばれるおいしいグルメみやげ4店 … 130
スーパーでバラマキみやげ … 132
ムスタファ・センターで
エスニックみやげ探し … 134
オーチャード・ロードで
行くべきSC … 136
ジュエルでおみやげ探し … 138

AREA WALKING … 139
歩いて楽しむ

シティ … 140
クラーク・キー＆
ボート・キー … 142
チャイナタウン … 144
アラブ・ストリート … 146
リトル・インディア … 148
ティオン・バル … 150
デンプシー・ヒル … 151
マーライオン … 152

RELAX & STAY … 153
リラックス＆ステイ

個性が光るラグジュアリースパ3 … 154
地元で人気の街なかスパ3 … 156
伝統の癒やし体験マッサージ5 … 158
思い出の1ページになる
テーマ別高級ホテル … 160

旅の基本情報 … 163
多様な民族が集まる海峡の街 … 173
インデックス … 174

本書の使い方

●本書に掲載の情報は2024年11〜12月の取材・調査によるものです。料金、営業時間、休業日、メニューや商品の内容などが、本書発売後に変更される場合がありますので、事前にご確認ください。
●本書で紹介したショップ、レストランなどとの個人的なトラブルに関しましては、当社では一切の責任を負いかねますので、あらかじめご了承ください。
●料金・価格は「S$」で表記しています。また表示している金額とは別に、税やサービス料がかかる場合があります。
●電話番号は、市外局番から表示しています。日本から電話をする場合には→P.163を参照ください。
●営業時間、開館時間は実際に利用できる時間を示しています。ラストオーダー(LO)や最終入館の時間が決められている場合は別途表示してあります。
●休業日に関しては、基本的に年末年始、各宗教の正月、祝祭日などを除く定休日のみを記載しています。

本文マーク凡例

☎ 電話番号	休 定休日	
交 最寄り駅、バス停などからのアクセス	料 料金	
M MRT駅	URL 公式ホームページ	
所 所在地 Hはホテル内にあることを示しています	J 日本語が話せるスタッフがいる	
開 開館／開演／開門時間	J 日本語のメニューがある	
営 営業時間	予 予約が必要、または望ましい	
	カード クレジットカードが利用できる	

地図凡例

★ 観光・見どころ	R 飲食店	e エステ・マッサージ
血 博物館・美術館	C カフェ	H 宿泊施設
卍 寺院	SC ショッピングセンター	i 観光案内所
モスク	S ショップ	ビーチ
ヒンドゥー寺院	N ナイトスポット	空港
★ アクティビティ	E エンターテインメント	

あなたのエネルギッシュな好奇心に寄り添って、
この本はシンガポール滞在のいちばんの友だちです！
誰よりもいい旅を！ あなただけの思い出づくり
シンガポールへ出発

高層ホテルや現代建築物にしても巨大というだけではなく
その発想力や創造力にあなたは圧倒され、息をのむ。
シンガポールは街ごと、国ごと、エンターテインメントなのだ。

マリーナ・ベイ・サンズ(P.30)

SINGAPORE

SIGHTSEEING

ガーデンズ・バイ・ザ・ベイの巨大ツリーのライトアップは必見！

SIGHTSEEING

一度は訪れておきたい、高層ビルを背後に存在感を放つマーライオン

10. SEP 2026
IMMIGRATION
出国 DEPARTED

ベイエリアがすごい！
まずはマーライオンにご挨拶！

最新トレンドが続々！
進化を続ける街を楽しむ!!

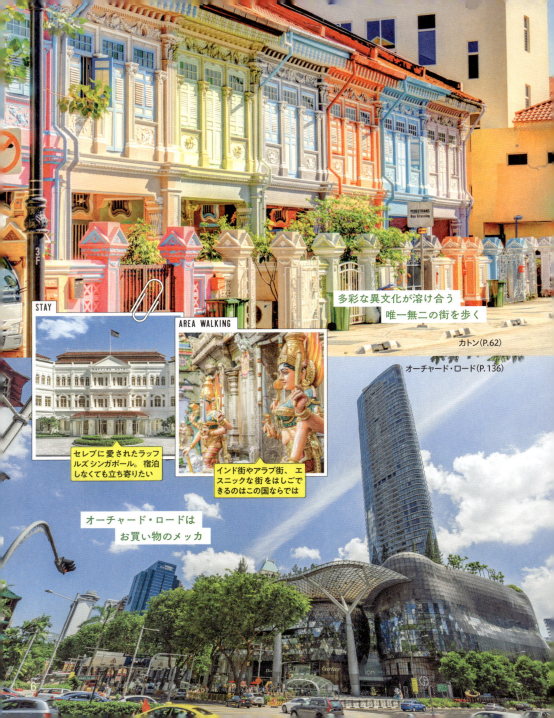

STAY

セレブに愛されたラッフルズ シンガポール。宿泊しなくても立ち寄りたい

AREA WALKING

インド街やアラブ街、エスニックな街をはしごできるのはこの国ならでは

多彩な異文化が溶け合う唯一無二の街を歩く

カトン(P.62)

オーチャード・ロード(P.136)

オーチャード・ロードはお買い物のメッカ

GOURMET
大定番のチキンライス。人気店の味を食べ比べるのも楽しい

BEAUTY
近年、人気が上昇しているシンガポールコスメはまとめ買いが正解

喧騒の街を歩いたあとは優雅にティータイム

グランド・ロビー(P.43)　7

出発前に知っておきたい

街はこうなっています！
シンガポールのエリアと主要スポット

どこに何がある？どこで何をする？

見どころの多くは中心部に集中している。それぞれに異なる文化が薫る街を把握しよう。

マーライオンはシンガポールの守り神

ショッピングセンターが並ぶ目抜き通り
A オーチャード・ロード ▶P136
Orchard Road

まっすぐ延びる大通りの両側に、ショッピングセンターが並ぶ。一流ブランドが多数入るものから、エスニック雑貨が揃う庶民的なものまでさまざま。

古い街並みに新しい店が増加中
B ティオン・バル ▶P150
Tiong Bahru

今いちばんの注目タウン

最初期に公営住宅が建てられた地で、古い建物が多く残る。現在は再開発が進み、レトロな雰囲気を生かしたカフェや、センスのよいショップが集まる。

豊かな緑の中でおしゃれにチルアウト
C デンプシー・ヒル ▶P151
Dempsey Hill

軍用地だった緑豊かな土地が再開発され、おしゃれなレストランやバーが立ち並ぶ。ゆったりとした時を楽しむために、在住欧米人や観光客が多く訪れる。

川沿いは若者が集うナイトスポット
D クラーク・キー&ボート・キー ▶P142
Clarke Quay & Boat Quay

シンガポール川沿いには、レストランやバー、クラブが軒を連ねる。夜にはきらめくネオンのなか、多くの人が賑やかに通りを行き来する。

大規模エンタメ施設が並ぶリゾートエリア
E セントーサ島 ▶P68
Sentosa Island

シンガポールの南端、島全体が一大リゾート地となっている。各種アクティビティと複合施設のリゾート・ワールド・セントーサで一日中飽きることはない。

シンガポールってこんな街

古くからシンガポールの中心部であるシティを、各民族が集うエスニックタウンや再開発地区のマリーナ、ショッピング街のオーチャード・ロードなどが囲んでいる。ホテルはシティやオーチャード・ロードに多く、基本的な移動手段となるMRTの乗換駅も多い。シティから放射状に考えると効率のよい行程を組みやすい。

カラフルな家並みが目を引く
F リトル・インディア ▶P.148
Little India

昔ながらのヒンドゥー寺院や花輪を売る店の合間に、モダンなレストランやカフェが点在する。週末にはインド系の人々が多く集まり、街は喧騒に包まれる。

モスクを中心に異国情緒たっぷり
G アラブ・ストリート ▶P.146
Arab Street

スルタン・モスクを中心に、香水瓶やカーペットを扱う店が並ぶ。イスラム教の食習慣に応じた独特の食文化も楽しめる。南西のおしゃれな街ブギスにも注目。

歴史的な建築物と高層ビルが並ぶ
H シティ ▶P.140
City

シティ・ホールと旧最高裁判所を改修したナショナル・ギャラリーをはじめとして、歴史ある建物が並ぶ。マリーナ沿いに進めば、ラッフルズ像が立つ。

最新ランドマークが水際に立つ
I マリーナ ▶P.20/P.30
Marina

現代シンガポールを象徴する建築となったマリーナベイ・サンズが、マリーナ・ベイ沿いに立つ。その東側にはガーデンズ・バイ・ザ・ベイが広がる。

いつでも賑やかな活気に満ちた街
J チャイナタウン ▶P.144
Chinatown

古き良き中華街が保存されたエリアで、色鮮やかな提灯が飾る通りに、みやげ物店が立ち並ぶ。食にうるさい華僑の街だけあり、グルメ事情は特に充実。

プラナカンの文化が色濃く残る
K カトン ▶P.62
Katong

東の郊外にある、古くから多くのプラナカンが住まいとしていた街。カラフルなショップハウスのほか、博物館や雑貨店で華やかな彼らの文化を感じたい。

出発前に知っておきたい　シンガポールのエリアと主要スポット

まずはこれをチェック！
滞在のキホン

多民族国家のシンガポールでは、言葉や祭りも街ごとに異なる。まずは基本的な事柄を確認しよう。

シンガポールの基本

- **国名**
  シンガポール共和国
  Republic of Singapore
- **首都**
  都市国家のため存在しない
- **人口**
  約564万人
  （2022年推計）
- **面積**
  約720km²
  （東京23区と同程度）
- **言語**
  公用語はマレー語、英語、中国語（マンダリン）、タミール語の4言語。英語を第1言語とする者が最も多い
- **宗教**
  仏教、イスラム教、キリスト教、道教、ヒンドゥー教
- **首相**
  ローレンス・ウォン
  （2024年5月〜）

✈ 日本からの飛行時間

直行便は日本各地から。7時間前後のフライト

直行便では成田国際空港や東京国際（羽田）空港から約7時間。そのほか、関西国際空港、中部国際空港、福岡空港などからの直行便がある。台湾やフィリピン、タイを経由する便もある。

チャンギ国際空港 MAP 付録P.3 F-2

💴 為替レート＆両替

S$1＝約115円（2025年1月現在）。**両替は空港で**

通貨は**シンガポール・ドル**（S$）で、1万円は約S$87となる。日本で両替するよりも、日本円で持ち込み現地で両替するほうがレートがよい。**チャンギ国際空港の両替所はレートは悪くない**ので、短期の滞在であれば必要な分を両替してしまって問題ない。

🛂 パスポート＆ビザ

有効期間は6カ月必要。ビザは通常不要

パスポート残存有効期間は入国時に6カ月必要で、不足していると入国を拒否されるため、旅程を決めたらすぐに確認しておこう。入国審査の際、14日もしくは30日の滞在期限が設定される。観光目的で3カ月以内の滞在であれば**ビザは必要ない**。

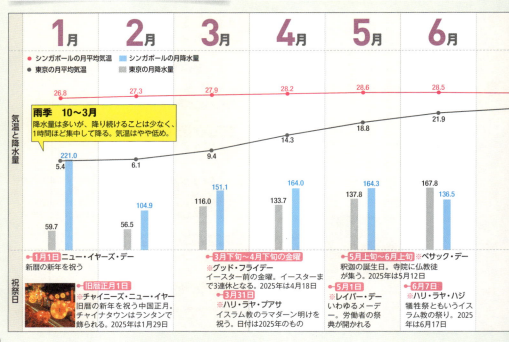

日本との時差
❖ 日本との時差は－1時間。日本が正午のとき、シンガポールは午前11時となる

東京	0	1	2	3	4	5	6	7	8	9	10	11	12	13	14	15	16	17	18	19	20	21	22	23
シンガポール	23	0	1	2	3	4	5	6	7	8	9	10	11	12	13	14	15	16	17	18	19	20	21	22

言語
❖ 多言語社会だが英語が一般的に通じる

公用語はマレー語、英語、中国語（マンダリン）、タミール語の4言語で、英語が共通言語として使われている。中国語やマレー語の語彙や文法が交じった訛りの強い英語「シングリッシュ」もよく知られる。観光地の看板では日本語を見かけることも多い。

交通事情
❖ 公共交通機関は充実。タクシーも利用しやすい

国土全体をカバーしているMRTが基本的な移動の手段。料金が安く治安もよい。タクシーはメーター制で悪質なドライバーも少ないので、流しのタクシーも安心して利用できる。中心部は自動車での進入が規制されているため、特別料金が発生する。

物価&チップ

❖ 物価は日本と同程度。チップの習慣はない

ホーカーズや庶民的な食堂を利用すれば食費は抑えられ、MRTやタクシーなどの交通費も安いが、高額な税がかけられる嗜好品や宿泊費など、日本より割高なものも多い。チップの習慣はないので、ほとんどの場面で気を使う必要はない。

ベストシーズン

❖ 乾季と雨季に分かれる。どちらも過ごしやすい

赤道に近く年間を通して最高気温は30℃付近。4～9月は乾季、10～3月は雨季に分かれるが、乾季にも雨は降るし、雨季も短い時間に集中的に降ることが多いので、雨宿りでうまく避ければむしろ涼しく過ごしやすい。台風の影響もないため、季節を問わず楽しめる。

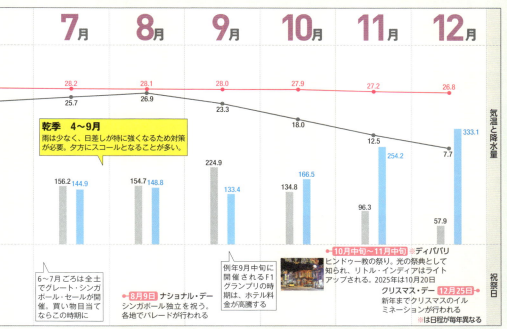

月平均気温、月降水量は気象庁の統計による1991～2020年の平年値

SINGAPOLE 2021-2024
NEWS & TOPICS

ハズせない街のトレンド！

シンガポールのいま！ 最新情報

ニューオープンや街のトレンドなど、注目の最新ニュースをしっかり押さえて、旅のプランに組み込んでみたい。

2023年5月オープン

鳥たちの楽園、**バード・パラダイス**が誕生！

シンガポール動物園と隣接したマンダイ野生動物保護区にある鳥たちの楽園。約17haの敷地は8エリアに分かれ400種3500羽の世界中の鳥が乱舞する。
▶P57

↑紅色の羽で優雅に舞うアメリカンフラミンゴ

↑南極大陸をかたどった氷上で戯れるペンギンたち

2023年2月リニューアル

約4年の改修を終えて**プラナカン博物館**が再オープン!!

プラナカンとは、15世紀後半から欧州列強統治下の時代に移住した中華系移民の末裔のこと。本来の中華文化と融合した独自の文化を「オリジン」「ファッション」などのコーナーで展開。
シティ MAP付録P.12 B-3
☎6332-7591 ➤各線City Hallシティホール駅から徒歩10分 🏠39 Armenian St. 🕐10:00～19:00(金曜は～21:00) 休なし 料S$18

↑1912年築のフランスルネサンス様式の建造物

プラナカンの暮らしぶりを伝える展示物

2023年11月リニューアル

チャンギ国際空港に新エリアが誕生!!

3年半の拡張工事を終え、新感覚の国際的ハブ空港ターミナルが誕生。旅行者の心・体・魂の癒しを重視した、自然とハイテクを融和させた空間。
東部 MAP付録P.3 F-2
☎9781-2695 🏠78 Airport Boulevard 🕐24時間 休なし 料無料

↑吹き抜けスペースには亜熱帯植物の柱がそびえ立つ

3D巨大画面上を直下する瀑布が大迫力！

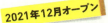

2021年12月オープン
セントーサ島の新アトラクション
スカイヘリックス・セントーサ に注目!!

オープンエアのスカイヘリックス・セントーサに乗って海抜75mまでゆっくり回転しながら上昇。ケッペル湾、南の島々まで一望できるパノラマが眼前に広がる。

セントーサ島 MAP 付録P.18 C-3
☎6361-0088 マウントフェーバーライン(ケーブルカー)でセントーサ駅下車、徒歩1分
41 Imbiah Rd, Sentosa
10:00〜21:30(最終乗車21:15) なし S$20※オンライン購入のみ

太陽が沈む夕方、星が瞬く夜空も美しい

パープルのLED照明が幻想的な世界を映し出す

2024年5月オープン
セントーサ島で没入体験!
セントーサ・センサリスケープ

セントーサ島を縦断する全長350mの遊歩道に、自然、建築とテクノロジーを組み合わせたデジタルアートが設置された。最新技術を取り入れた没入型アトラクションが無料で楽しめる。

セントーサ島 MAP 付録P.18 C-3
3 Siloso Rd, Sentosa イマジ・ナイト(ライトアップ) 19:50〜21:40

プロジェクターとARで無数の蝶や花びらが出現

夜空に映し出されたライトのショー

花壇に触れると森が明るく照らされ、動物が出てくる

2023年11月オープン
スタイリッシュな滞在を実現!!
シンガポール・エディション

マリオット・インターナショナルのラグジュアリーライフスタイルホテルがシンガポールに進出。サステナブルな哲学を掲げた魚介中心のレストランなど、館内施設も充実。

オーチャード・ロード MAP 付録P.6 A-2
☎6991-6888 各線Orchardオーチャード駅から徒歩10分 38 Cuscaden Rd, 249731 S$474〜 204
www.editionhotels.com

42㎡の広さを持つ客室、プレミア・キング・ガーデンビュー

南国テイストのおしゃれなラウンジでのんびりくつろげる

2023年6月オープン
オーチャード・ロードの新たなランドマーク!
パン・パシフィック・オーチャード

建物の随所に緑を取り入れたモダンなホテルがオープン。客室の窓やバルコニーからはオーチャードの夜景も楽しめる。

オーチャード・ロード MAP 付録P.6 B-1
☎6991-6888 各線Orchardオーチャード駅から徒歩10分 10 Claymore Rd, 229540 S$335〜 347
www.panpacific.com

フォレスト、ビーチ、ガーデン、クラウドがデザインのコンセプト

客室には開放的な大きな窓を設置

TRAVEL PLAN SINGAPORE
至福のシンガポールモデルプラン

とびっきりの 4泊5日

最先端のエンタメ施設やエスニックな街など、多彩な見どころを効率よく巡り、幸せな思い出が詰まったシンガポール旅を実現しよう。

旅行には何日必要？

定番をひととおり満喫したいなら

4泊5日以上

見どころの多くは中心部に集中しているため、目的を絞れば2泊4日などの短期ステイでも十分に楽しめる。夜限定の見どころが多いため、3・4泊はシンガポールで夜を過ごすのがおすすめ。

プランの組み立て方

❖ **中心部から離れたスポットを軸に日程を考えよう**

アクセスに時間がかかるのは、セントーサ島と北部の動物園エリア。この2カ所とエンタメ施設が集中するマリーナに訪れる日を、まず決めておこう。中心部では、タクシーも活用すればそれぞれ15〜30分程度でエリア間を移動できるので、余った時間に少しずつ組み込むこともできる。

❖ **シティを囲むようにエスニック街が点在**

エスニック街は、行政機関が置かれたシティを中心にして各民族ごとの居住区が作られた名残。アラブ・ストリートとリトル・インディア、チャイナタウンとティオン・バルなど、近い方向性の街を組み合わせると、自然とまわりやすいプランができあがる。

❖ **熱中症対策はプランニングから始めておこう**

屋外を歩くスポットは、暑さの厳しい日中ではなく涼しい朝や夕方に訪れて、昼間は冷房の効いた屋内の施設をまわるようにしよう。もちろん水分補給は忘れずに。

【移動】日本 ➡ シンガポール

DAY 1

熱帯らしい色濃い自然と近代的な街並みが溶け込む

到着したらさっそく夜の街へ繰り出そう。輝く夜景を見ればシンガポールに来た実感が湧く。

17:15 ─ シンガポール到着

タクシーなどで約30分

午前便で日本を発つと、チャンギ国際空港到着は夕方ごろ。

18:30 ─ ホテルにチェックイン

タクシーや徒歩で移動

荷物を置いて落ち着いたら出発。食事には、飲食店が多いオーチャード・ロードがおすすめ。

19:30 ─ 手軽にフードコートで食事 ▶P48

🍴 **DINNER**

タクシーや徒歩で移動

まずはフードコートで、ローカルフードに挑戦。選択肢が多く、気軽に利用できる。

➡ オーチャード・ロードのアイオン・オーチャード内にあるフード・オペラ

魚介をふんだんに使ったシーフード細麺焼きそば

20:30 ─ リバー・クルーズで夜の街を巡る ▶P38

クラーク・キーへ移動して、リバー・クルーズへ乗船。光り輝く川沿いの先には、マリーナの夜景が待ち受ける。クルーズ後はホテルに戻ってもよいが、クラーク・キーでもう1軒もあり。

クラーク・キーはネオンが輝く夜の街

川の下流に光輝くマリーナベイ・サンズが待つ

【移動】チャイナタウン➡カトン

DAY 2

古き良きシンガポールの風情を残す街を巡る。
伝統的な街並みのなかで育つ新しい文化にも注目。

カラフルな雑貨が充実している

8:00 徒歩10分

コピティアムで ▶P100
カヤトーストの朝ごはん

地元の人に交じって、ローカル気分の朝食を。カヤジャムの甘みとコピの香りで、眠気の残る頭もすっきり。

温泉卵との定番セットでいただこう

9:00 徒歩10分

チャイナタウンの
寺院や通りを訪ねる ▶P144

商店が立ち並び中国系らしいエネルギーに満ちた街を散策。各宗教の寺院や、ショップハウスが並ぶ街並みを探そう。

➡ショップハウスにおしゃれな店が入るアン・シャン・ヒル

➡パゴダ・ストリートにはおみやげ店や飲食店が並ぶ

ティアン・ホッケン寺院はチャイナタウン住民の心の拠り所

11:30 徒歩15分

ローカルフードの宝庫
ホーカーズでランチ ▶P46

チャイナタウンの食事は、庶民的なホーカーズへ。行列のできる人気店も多数見つかる。

ラオ・パ・サ・フェスティバル・マーケットには各国料理が揃う

13:00 MRTマックスウェル駅からマリン・パレード駅まで15分

おみやげ用に
雑貨・日用品をゲット

チャイナタウン・コンプレックスの1階には色鮮やかな中国雑貨などが充実。宝探しの気分でエスニックな雑貨・日用品を探そう。

15:00 タクシーで15分

プラナカンの文化が残る
カトンを散策 ▶P62

プラナカンの雑貨や菓子を扱う店や、博物館など街並み以外にも訪れたい場所がたくさん。ゆっくりと散策を楽しみたい。

パステルカラーの家がずらりと並ぶクーン・セン・ロード

➡プラナカン文化独特の鮮やかな色合いのサンダルやタイルは、旅の思い出にぴったり

19:00

ディナーは豪華に
シーフードを！ ▶P86

食事には海の国シンガポールならではのシーフード料理をチョイス。名物のチリクラブなどがおすすめ。

➡シーフードレストランでチリクラブ。ピリ辛ソースが食欲をそそる

出発前に知っておきたい 至福のシンガポール モデルプラン

【移動】シンガポール植物園 ➡ マリーナ周辺

DAY 3

2大植物園とマリーナベイ・サンズと、シンガポールのアイコンを訪ねる旅のハイライト。

9:00 世界遺産の ▶P26
シンガポール植物園を朝散歩
気持ちのよい朝の空気のなか、緑あふれる植物園を気ままに歩こう。

12:00 シンガポール植物園内の
レストランでランチ ▶P27

MRTボタニック・ガーデンズ駅からベイフロント駅まで14分

園内には、質の高いレストランが揃う。豊かな自然に囲まれた落ち着いたダイニングで、ゆっくりと食事を楽しもう。

14:00 ガーデンズ・バイ・ザ・ベイで
人工の美に出合う ▶P20

同じ植物園でも、対極に位置するような最新技術を駆使したガーデンズ・バイ・ザ・ベイへ。暑い日中でも、屋内施設であれば過ごしやすい。

色とりどりの花が咲くフローラル・ファンタジー

シンガポール植物園の国立ラン園では、美しいアーチの下を散策

ファンタジー映画のなかのような世界が広がるクラウド・フォレスト

人工の大樹スーパーツリーを渡るOCBCスカイウェイ

徒歩5分

16:00 ガーデンズ・バイ・ザ・ベイの
フードコートでひと休み ▶P25

1階の屋上へのエレベーターで移動

夜は遅くまで歩きまわるので、各国の料理やドリンク、デザートが楽しめるフードコートで早めの腹ごしらえ。

ジャングルの様な店内には動く恐竜も

サンズ・スカイパーク 展望デッキから見る大パノラマに感動！

スカイパークは3棟のタワーの上部

プランの組み立て方

❖ **事前予約をうまく活用して待ち時間をなくそう**
マリーナベイ・サンズのアートサイエンス・ミュージアムなど時間制限のある観光施設は、事前に予約しておけば混雑で入れないということを回避できる。

❖ **雨が降ったら雨宿り**
年間を通して降水量の多いシンガポールだが、たいていの雨は1～2時間程度で止む。その分激しいため、雨の中を無理して歩くより屋内で雨宿りをするのがおすすめ。

17:30 徒歩15分

エンタメの殿堂 ▶P30
マリーナベイ・サンズを満喫

スカイパークやカジノなどの娯楽施設や、たくさんのショップやレストランが並ぶマリーナベイ・サンズを巡る。ナイト・ショーの時間が近づいたらガーデンズへ向かおう。

チームラボのアート作品も

レーザー光線や水のスクリーンを使ったファンタスティックなショー

20:00 徒歩12分

サンズの
ナイト・ショー
スペクトラを鑑賞
▶P36

サンズのショップをのぞきながら、イベント・プラザへ移動。会場でのショーは一度は見ておきたい。

21:00

マリーナ沿いの
眺望バーで乾杯 ▶P110

マリーナ付近にある、展望のよいバーでゆったり過ごす。輝く街並みを見つめているといつしか時間が過ぎていく。

最旬ビールの飲み比べができるテイスティングセット

美しいマリーナの夜景を見ながら乾杯

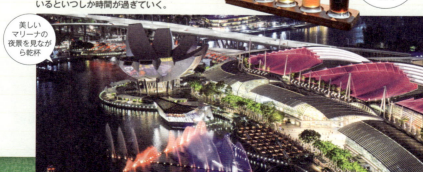

出発前に知っておきたい

至福のシンガポール モデルプラン

17

【移動】中心部 ➡ 動物園エリア

DAY 4

さまざまな文化が共存する街を実感！

特に民族色の濃い街を巡り、おみやげ探し。旅の最後はナイト・サファリで締めくくり。

9:00
徒歩15分

異国の香り漂うアラブ・ストリートを散策 ▶P.146

まずは中心のスルタン・モスクへ。香水瓶の店やおしゃれなストリートを訪ねよう。

➡参道の両脇にはおみやげ店が並ぶ

11:00
徒歩5分

ムスタファ・センターでエスニック雑貨を探す ▶P.134

インド系の大型ディスカウントストアでおみやげ探し。価格も安いので、おみやげのまとめ買いをするならここで。

⬆色鮮やかなサリーなどを見てまわるだけでも楽しい

12:00
徒歩10分

リトル・インディアで無数の神様を見る ▶P.148

街に点在するヒンドゥー寺院を訪問。塔門にびっしりと置かれた神様たちに驚き。

➡スリ・スリニヴァサ・ペルマル寺院

13:00

エスニック料理でランチ ▶P.90、94

カレーやペーパーチキンなど、リトル・インディアの名物料理をチョイス。辛党であれば本場の味のカレーをぜひ。

➡鍋で出されるフィッシュヘッドカレー

MRTリトル・インディア駅からオーチャード駅まで15分

15:00
シャトルバスで約1時間

オーチャード・ロードでお買い物 ▶P.136

ショッピングセンターが並ぶメインストリートで、お買い物。

高級ブランドが多数入るパラゴン

アドバイス
移動する前にいったんホテルに戻って購入したおみやげを置き、身軽になってナイト・サファリに向かおう。

18:00
タクシーでホテルへ戻る

ナイト・サファリで夜のジャングル体験 ▶P.51

シンガポールならではのアトラクションが、夜にだけ開園する動物園。野生に近い環境で普段は見られない姿に出会える。

ライオンなど夜行性の動物は活発。逆にかわいい動物の寝姿も見られる

【移動】シンガポール ➡ 日本

DAY 5

たくさんの思い出とおみやげを持って帰路につく。空港も充実しているので、早めに移動しよう。

8:00

空港で最後のお買い物 ▶P.138

空港併設のジュエルは充実したショッピングスポット。買い残しはここで解消。

12:00

シンガポールを出発

シンガポールを昼ごろに出発すると、日本到着は19時ごろになる。

BEST 10 THINGS TO DO IN SINGAPORE

シンガポールでぜったいしたい10のコト

Contents

- 01 ガーデンズ・バイ・ザ・ベイ ▶P.20
- 02 シンガポール植物園 ▶P.26
- 03 マリーナベイ・サンズ ▶P.30
- 04 南国の夜絶景 ▶P.36
- 05 ラッフルズ ▶P.40
- 06 ホーカーズ＆フードコート ▶P.44
- 07 4大動物園 ▶P.50
- 08 プラナカン ▶P.58
- 09 最新ミュージアム ▶P.64
- 10 セントーサ島 ▶P.68

BEST 10 THINGS TO DO IN SINGAPORE

ここまでやりますか！シンガポールのテーマパーク！

01 先端技術と自然とのマリアージュ
ガーデンズ・バイ・ザ・ベイ

トロピカルな未来空間！

マリーナ・ベイに面した101haもの敷地内は、人工の巨木や珍しい植物に覆われた異世界。世界に類を見ない庭園で不思議ネイチャー体験を。

フラワー・ドーム / Flower Dome
熱帯のシンガポールに地中海地域の涼しく乾燥した気候を再現。世界の花約150種3万株以上が一年中咲き誇る。▶P24

クラウド・フォレスト / Cloud Forest
ドーム内には滝が流れる人工山が！熱帯の高地に見られる植物が群生する、幻想的な雲霧林を散策しよう。▶P24

ゴールデン・ガーデン / Golden Garden
タクシーで訪れると最初に到着する入口がここ。ビジターセンターやギフトショップなどが揃う。

ドームの間にはチケット売り場やギフトショップなどがある

自然の植物と人工の植物が織りなす、なんとも不思議な光景が広がる

シルバー・ガーデン / Silver Garden
フラワー・ドームの隣にあり、3本のスーパーツリーが立つ。マリーナベイ・サンズと巨木のコラボ写真スポット。

Gardens by the Bay

ワールド・オブ・プランツ
World of Plants
スーパーツリー・グローブの周囲に広がる6つのガーデン。オランウータンなど動物のトピアリーも見どころ。

スーパーツリー・オブザーヴァトリ
Supertree Observatory
9〜16階建てのビルに相当する高さの人工ツリーのうち、最も高いツリーの上にある高さ50mの展望スポット。▶P.22

OCBCスカイウェイ
南に広がるザ・メドウには、宙に浮く巨大な白い子どものオブジェが。
マリーナベイ・サンズへとつながる連絡路

ヘリテージ・ガーデンズ
Heritage Gardens
マレー、インド、中国、コロニアルという、シンガポールを構成する4つの文化とその歴史を取り入れた庭園。

01 GARDENS BY THE BAY

巨木と世界の植物が織りなす未来型植物園

ガーデンズ・バイ・ベイ
Gardens by the Bay
マリーナ MAP 付録P.15 F-3

マリーナ・ベイのウォーターフロントに広がるガーデンズ・バイ・ザ・ベイは、3つのガーデンエリアから構成される未来型植物園。なかでも見どころが多いのが「ベイ・サウス」。天を衝くような巨木の森や世界最大のガラス温室、テーマの異なるガーデンなどが点在し、その比類ないランドスケープが世界中の人々を魅了している。また、見るだけではなく、高層ビルに匹敵する高さのスーパーツリーの間に渡された橋を空中散歩したり、温室内にそびえる滝の流れる山を散策しながら熱帯の高山植物を観察したりと、五感で楽しめるのも魅力のひとつ。屋内施設「フローラル・ファンタジー」など、多彩な施設を持つガーデンから目が離せない。

☎6420-6848 ⊗各線Bayfrontベイフロント駅から徒歩10分 ⑰18 Marina Gardens Dr. ⑫5:00〜翌2:00 ⑭無休 ㊙入園無料、OCBCスカイウェイなど有料施設は別途
🌐www.gardensbythebay.com.sg

information
● **チケットの購入** 入場料は無料だが、OCBCスカイウェイとフローラル・ファンタジーなどの屋内施設は入場料が必要。チケットは各施設の前のほか、ベイフロント・プラザで購入できる。
● **ネット予約** フローラル・ファンタジーはスロット制のため、事前に購入しておくと安心。HPから日付と時間を選んで購入。
● **シャトルサービス** ベイフロント・プラザとフラワー・ドーム、クラウド・フォレストの間をシャトルバスが運行している。S$3で乗り降り自由。10分間隔で運行。

→ 近くで見上げるとさらに大迫力

フローラル・ファンタジー
Floral Fantasy
テーマが異なるガーデンや、トンボになってガーデンズ・バイ・ザ・ベイを飛びまわる4D疑似体験が話題！▶P.23

マリーナベイ P.30
マリーナベイ・サンズ
マリーナベイ・サンズ・ホテル
シルバー・ガーデン
ヘリテージ・ガーデンズ
フラワー・ドーム P.24
ギフト・ショップ P.25
クラウド・フォレスト P.24
P.22 OCBCスカイウェイ
ベイフロント駅
P.23 ベイフロント・プラザ
スーパーツリー・オブザーヴァトリ
ギフト・ショップ P.25
フローラル・ファンタジー
ワールド・オブ・プランツ
ギフト・ショップ P.25
ザ・メドウ
ガーデンズ・バイ・ザ・ベイ駅
Marina Boulevard
0 200m

シンガポールでぜったいしたい10のコト

01 先端技術と自然とのマリアージュ ガーデンズ・バイ・ザ・ベイ

BEST 10 THINGS TO DO IN SINGAPORE

植物のテーマパークを賢く満喫
ガーデンズ・バイ・ザ・ベイの必見スポット

ガーデンズ・バイ・ザ・ベイは、一日ではとてもまわりきれない広さ。訪れたらここだけは押さえたい、写真映えも抜群のマストスポット4カ所を紹介。

> ライトアップで幻想的に輝くスーパーツリー

空へと伸びる巨大ツリーから絶景観賞

スーパーツリー・オブザーヴァトリ
Supertree Observatory

大小12本の「スーパーツリー」のうち、最も高いスーパーツリーの頂上にある展望台。高さ50mから、園内はもちろんマリーナ・ベイ・サンズ、ガーデンズ・バイ・ザ・ベイなどの眺望が楽しめる。

⏰ 9:00～21:00(入場は～20:30) 休 無休 料 S$14、3～12歳S$10

注目ポイント

高さは25～50m
中心にある最大のスーパーツリーで高さ約50m。

200種の植物を植栽
側面には、シダやラン、ツル植物など約200種類が植栽されている。

まわり方アドバイス
下から無料で見学するだけでも迫力満点! 広場にはフードコート(→P.25)があるので休憩もできる。間近で見たいなら、チケットを買ってOCBCスカイウェイへ行こう。

巨大なバオバブの木を思わせる姿

地上22mの空中回廊で絶景を満喫
OCBCスカイウェイ
OCBC Skyway

2本のスーパーツリーをつなぐ吊り橋を歩けるアトラクション。ガーデン内はもちろん、マリーナエリアも一望。

⏰ 9:00～21:00(入場は～20:30) 休 不定休 料 S$14、3～12歳S$10

→スーパーツリーの入口近くにあるチケット売り場でチケットを購入する

こんな景色が望めます

マリーナベイ・サンズやドームも違う角度から見るとひと味違う

22

01 GARDENS BY THE BAY

シンガポールでぜったいしたい10のコト

01 先端技術と自然とのマリアージュ ガーデンズ・バイ・ザ・ベイ

テーマごとに装いを変えるガーデンと4Dアトラクションを体験

無数の花に飾られた回廊がフォトジェニック

まわり方アドバイス
フォトジェニックな空間は、写真を撮りながらまわると所要1時間前後。ファンタジー・シアターの料金は入場券に含まれているので、時間があればぜひ体験を。

来場した記念にフォトスポットで写真を撮ろう

フローラル・ファンタジー
Floral Fantasy

花と芸術、最新技術が融合した空間は、エリアごとにがらりと雰囲気が変わり、夢のように幻想的。最後は4Dライドで広大なガーデン飛行体験を。

時10:00〜19:00(土・日曜、祝日は〜20:00、入場は各30分前まで) 休不定休 料S$24〜、3〜12歳S$16〜

トンボの視点でガーデンを遊覧
ファンタジー・シアター
Fantasy Theatre

4Dシアターでガーデンズ・バイ・ザ・ベイを飛びまわるような体験ができる。

↑最新技術を駆使した圧巻の映像体験をぜひ

咲き誇る花の天蓋がロマンティック
ダンス
Dance

天井から色とりどりの花が吊り下げられた夢のような世界。

↓見上げれば頭上に色とりどりの花々が

↑施設内で最初に到達するエリア

滝が流れ落ちる熱帯エリア
ワルツ
Waltz

流木や多肉植物が覆う天井から滝が流れるエリア。水槽には鮮やかなカエルも見られる。

↑雨の森を散策している気分に浸れる

和の趣を感じる、心落ち着く庭園
フロート
Float

小川沿いに花と松などの樹木が植えられ、癒やされる雰囲気。

↑明るく、屋外にいるような開放感

23

BEST 10 THINGS TO DO IN SINGAPORE

クラウド・フォレスト
Cloud Forest

ドームの中にそびえるのは、緑に覆われた標高35mの人工の山。流れ落ちる滝から霧が立ち上り、熱帯の高地でのみ見られる「雲霧林」の環境を再現している。空中に張り出した通路を歩きながら、珍しい植物を観察しよう。

時 9:00～21:00（入園は～20:30） 休 不定休
料 S\$34、3～12歳S\$21（スーパーツリー・オブザーヴァトリとの共通券）

ファンタジーの世界に迷い込んだような霧と水の山

入ってすぐに出迎えるのは、高所から落ちてくる巨大な人工滝

霧が漂う山の中を散策
クラウド・ウォーク
Cloud Walk

雲の上を歩いているみたい

山の周囲にめぐらされた空中回廊。標高とともに変化する植生や、ところどころに置かれた彫像を眺めながら下山できる。

標高2000mの植物の世界を体験
ロスト・ワールド
Lost World

エレベーターで昇った先には、池を中心に、高山に生息するランやシダ植物などが密生。ミストに濡れた緑が美しい。

熱帯高山植物の生息環境を再現

まわり方アドバイス
まずはエレベーターで頂上へ。ロスト・ワールドで珍しい植物や花を堪能したら、クラウド・ウォークを歩いて風景を楽しみながら下山。冷涼な高山の気候を再現しているので、上着を持っていくのがおすすめ。

まわり方アドバイス
まずは入口右手のバオバブと多肉植物のエリアへ。そこから円を描くように階段を下りて中央の大花壇「フラワー・フィールド」へ向かうと効率が良い。定期的に花が植え替えられ、撮影スポットとしても人気。

世界最大のガラス温室

地球上の春を一堂に集めた

フラワー・ドーム
Flower Dome

2015年にギネスブックにも登録された世界最大のガラス温室の中は、花が咲き乱れる常春の楽園。ハイテク技術で温度を一年中23～25℃に保ち、湿度も抑えることで、地中海や半砂漠地帯などの植物を中心に世界中の花を展示している。

時 9:00～21:00（入園は～20:00） 休 不定休
料 S\$59、3～12歳S\$45（クラウド・フォレストとの共通券）

こんな花々が咲いています
バオバブやボトル・ツリーなどユニークな木々から、バラやガーベラといったカラフルな花まで多彩。フラワー・フィールドはテーマによる展示で、テーマによって違う花が見られる。

巨大な樹木の合間に、可憐な花々が咲き誇る

01 GARDENS BY THE BAY

オフィシャルショップでグッズをチェック！ Shop

ギフト・ショップ
Gardens by the Bay Gift Shop

園内にはギフト・ショップが4つ。自然をモチーフにしたオリジナル雑貨やTシャツなどのほか、バラマキみやげも充実している。
☎6636-2447 ⊙9:00～21:00
休無休

S$21
↑ドームの間にあるショップがいちばん大きい

→ノート
フローラル・ガーデンを描いたA5サイズのノート

S$69
→アートプリント
草花の美しいボタニカル・アートをプリント

S$32
→Tシャツ
竹繊維で編まれたボタニカル柄Tシャツ

S$28
→折り畳み傘
紫外線で色が変わる晴雨兼用折り畳み傘

S$4.90
→ロリポップ
天然素材100%の食べられる花入りキャンディ

S$22
→トートバッグ
使いやすく丈夫なキャンバス地のトートバッグ

S$16
→キューティクルオイル
爪に潤いを与える、生花入りの香りつきオイル

S$9.90
→ストロー
エココンシャスな持ち運び用の金属製ストローとブラシセット

シンガポールでぜったいしたい10のコト　01 先端技術と自然とのマリアージュ　ガーデンズ・バイ・ザ・ベイ

ガーデンズ・バイ・ベイのレストランでひと休み

圧巻の植物ワールドを満喫したあとは、レストランへ。
美食ダイニングから、ローカルフードが並ぶフードコートまで、グルメシーンもいろいろ。

癒やし空間で地中海料理
ホータス
Hortus
MAP 付録P.15 F-3

エキゾチックなダイニングで楽しむ豪華料理。ビーフ・ラム・チキンの薪焼きや、シェア・プレートもおすすめ。
☎9862-3306 所ガーデンズ・バイ・ザ・ベイ内 ⊙11:00～(土・日曜12:00～)～15:30(LO) 18:00～21:00(LO) 休なし
→フラワードームの奥地にある食のオアシス

多彩な名店が軒を連ねる
ジュラシック・ネスト・フードホール
Jerassic Nest Food Hall
MAP 付録P.15 F-3

ドリンク＆デザートをはじめ、インドネシアやタイ料理、ビリヤニ、ラーメンなどバラエティ豊かなフードコート。
所フラワー・ドーム内 ⊙11:00～21:00、カフェ9:00～21:00 休なし
→ジュラ紀を再現した森には動く恐竜が潜む

高い評価を受ける美食空間
マーガレット
Marguerite
MAP 付録P.15 F-3

スター・シェフが旬の食材を使い、前菜・メイン・デザートまで斬新な料理をコース(4～7品)でもてなす。
☎9862-3306 所ガーデンズ・バイ・ザ・ベイ内 ⊙12:00～15:00、水～日曜18:00～22:00 休月・火曜
→鬱蒼と茂る緑に囲まれた美食家の天国

25

BEST 10 THINGS TO DO IN SINGAPORE

大スケールのボタニック・ガーデン！

02 花と緑の熱帯の楽園！
シンガポール植物園

この国初の世界遺産！

バンドスタンドと呼ばれる歴史ある望楼。周囲には珍しい黄色い葉のレインツリーが

2015年に、シンガポール初の世界遺産に登録された広大な植物園。レストランやショップも充実しており、美しい花を見ながら一日のんびり過ごすことができる。

国花のラン「バンダ・ミス・ジョアキム」もぜひ探して

なぜ世界遺産に登録された？

植物の研究でも知られる同園。ゴムの木の樹液を効率よく採取する方法を開発したことでシンガポールの経済発展の基礎を築いたことや、歴史的建築物の保存、絶滅に瀕している植物の保護・育成などの活動が認められた。

**地元の人たちも憩う
美しき都心のオアシス**

シンガポール植物園
Singapore Botanic Gardens
デンプシー・ヒル周辺 MAP 付録P4 A-1

1859年の開園以来、シンガポールの発展にも深く関わってきた植物園。目抜き通りのオーチャード・ロードからほど近い都心ながら、82万m²もの敷地に森や湖が広がり、南国の花々が咲き誇る。国立ラン園以外は入場無料なのもうれしい。毎月第1土曜はレイン・フォレストの日本語ガイドツアーも開催。

☎ 1800-471-7300（国立公園局） 各線 Botanic Gardensボタニック・ガーデンズ駅からすぐ ⌂ 1 Cluny Rd. ⏰ 5:00～24:00 無休 無料 HP www.nparks.gov.sg/SBG

26

02 SINGAPORE BOTANIC GARDENS

シンガポールでぜったいしたい10のコト

02 花と緑の熱帯の楽園！シンガポール植物園

まわり方アドバイス
ビジターサービスカウンターのあるタングリン・ゲートから入り、ナッシム・ゲートへ抜けるコースが見どころも多くおすすめ。5ドル紙幣の木、世界最大のラン、国立ラン園、レイン・フォレストなどが見られる。タングリン・ゲートまでノース・サウス線Orchard Roadオーチャード駅から車で5分。

ピクニックや体操をしたり、人々が思い思いに過ごす憩いの場でもある

→ 植物をモチーフにした装飾が印象的なタングリン・ゲート

わざわざ訪れたい！園内のレストランをチェック

↑ 木製の椅子とテーブルが設置され落ち着いた雰囲気の店内

テラス席でカフェ＆軽食を
A ビーズ・ニーズ
Bee's Knees at The Garage

1920年代に建造された「ザ・ガレージ」の1階に位置。ぷりぷりのエビがたっぷり入ったラクサ風味の平打ちパスタなどが揃っている。

☎ 9815-3213　交 Ⓜ 各線 Botanic Gardensボタニック・ガーデンズ駅から徒歩10分　住 50 Cluny Park Rd., Cluny Park Gate　営 8:00〜22:00　休 無休

↑ 木洩れ日が気持ちよい外席はペットもOK

27

BEST 10 THINGS TO DO IN SINGAPORE

ラン園に入ると、緑と花に囲まれた池で2羽の鶴がお出迎え

南国植物の楽園でフォトクルーズ
シンガポール植物園を巡る

東京ドーム約13個分の敷地内は、花と緑の楽園。世界中のランが集まる国立ラン園や熱帯雨林の森など、どこもフォトジェニック! カメラを片手に散策を楽しみたい。

→建物の入口でチケットを購入してから入園

3000種以上が揃う世界最大規模のラン園
B 国立ラン園
National Orchid Garden

1995年に、ランの交配と栽培を目的として開園。3000種以上6万株もの品種のなかには、世界のVIPの名前を冠した珍しいものも。
⏰8:30〜19:00(入園は〜18:00) 休無休 料S$15、学生S$3、12歳未満無料

プリンセスの名をいただくラン

世界中のプリンセスの名をいただくランが置かれている。それぞれのイメージに合っているか見てみよう。

ダイアナ妃

美智子上皇后

雅子皇后

↑絵本に出てきそうな緑のアーチが素敵

→いたるところに色鮮やかな花々が咲き誇る

←古い時代の品種が保存されているエリアも

02 SINGAPORE BOTANIC GARDENS

そのほかの見どころ どこから撮る？

広大な敷地を持つボタニック・ガーデンには、貴重な植物や景観ポイントなどフォトスポットがいっぱい。

➡ サラダなどにも使われるバナナの花
➡ ほかの木を覆うように成長するジョホール・フィグ

> 白鳥のブロンズ像とニボンヤシの塊がシンボル

涼気に満ちた白鳥の湖
E スワン・レイク
Swan Lake

園内に3つある池のうちのひとつで、タングリン・ゲートの近くにある白鳥が泳ぐのどかな湖。真ん中には躍動感のある白鳥の彫像も。

樹齢150年余りの大樹
G 5ドル紙幣の木
Tembusu

シンガポールの5ドル紙幣の裏面に描かれた有名な木。テンブスという名で、地面近くを這うように伸びる長い枝が特徴。ガーデン南側にある。

> 年2回、5〜6月と10〜11月に花が咲く

> 月に1回、日本語ガイドツアーも開催

鬱蒼と茂る熱帯雨林で森林浴
C レイン・フォレスト
Rain Forest

6haもの広さを持つ、熱帯雨林の森が広がるエリア。奇妙な形をした植物たちがおもしろい。ジョホール・フィグ（締め殺しのイチジク）が有名。

湖を見渡す歴史建築
F スワン・レイク・ガゼボ
The Swan Lake Gazebo

1850年代に建てられたビクトリア様式の美しいあずま屋。2度の移動により、現在はスワンレイクの近くに位置している。

> ガーデン散策に疲れたら日陰でひと休み

> 強い日差しを遮る根っこがありがたい

自然のカーテンが覆う小道
H カーテン・オブ・ルーツ
A Curtain of Roots

中南米の熱帯地方が原産のブドウの仲間。赤みがかった長い根がカーテンのように空中に垂れ下がり、心地よい木陰を作り出す。

> 睡蓮の池や水しぶきを上げる滝もある

ジンジャーの花々を観賞
D ジンジャー・ガーデン
Ginger Garden

ショウガの近縁種で、数百種類もの熱帯地域のジンジャーが原産地ごとに分けられて栽培されている。鮮烈な色合いの花を見てみよう。

SHOP
I ガーデンズ・ショップ
Gardens Shop

園内各ゲート付近に3店舗あるショップ。ここでしか買えない限定パッケージのアイテムがおすすめ。

☎ 6467-0380（ナッシム・ゲート店） ⏰ 8:30〜19:00 休 無休

S$11.83
➡ エコバッグ
小さくたためるボタニカル柄バッグ

S$32.94
➡ オーキッド・レッド・ティー
おみやげに人気の缶入り紅茶

S$20.18
➡ チョコレート
シンガポールのチョコレートメーカーの限定チョコ

シンガポールでぜったいしたい10のコト……02 花と緑の熱帯の楽園！シンガポール植物園

BEST 10 THINGS TO DO IN SINGAPORE

シンガポールを代表するアイコンを徹底紹介!

03 天空に浮かぶ船
マリーナベイ・サンズの全貌
上から下までエンタメづくし

3棟のホテルタワーに巨大な船を乗せた姿は、今やすっかりシンガポールの顔。サンズ・スカイパーク、ショッピングモール、カジノなどが揃う複合エンターテインメント施設をチェック!

> マリーナ湾から空へ飛び立つような巨大な姿は圧巻!

マーキー・シンガポール
MARQUEE Singapore
2019年、マーキー・ナイトクラブがアジア初進出。世界トップクラスのDJたちがナイトシーンを盛り上げる。▶P.35

絶景もカジノも買い物も不夜城・サンズを全攻略
マリーナベイ・サンズ
Marina Bay Sands
マリーナ MAP 付録P.15 E-2

2010年の開業以来、その斬新なデザインと広大な複合施設で世界中から注目を集めているマリーナベイ・サンズ。2500もの客室を有する5ツ星ホテルを中心に、世界の一流ショップが軒を連ねるショッピングモール、華やかなカジノ、シアターにミュージアムと、オールラウンドに楽しめる施設が勢揃い。特に、一度は訪れたいのがホテルタワー57階に位置するサンズ・スカイパーク。CMでも話題になったインフィニティプールは宿泊者限定だが、絶景の展望デッキやレストランは誰でも入場可能。昼間はショッピング、夜はドレスアップしてカジノと、朝から晩まで遊び尽くせるメガ・リゾートを徹底紹介。

☎6688-8868 交M各線Bayfrontベイフロント駅から徒歩5分 所10 Bayfront Ave.
開休料 施設により異なる
HP jp.marinabaysands.com

まわり方アドバイス
まずは朝イチでサンズ・スカイパークへ。夜は夜景目当ての観光客で混むので、空気が澄んだ早朝に絶景を堪能。ザ・ショップス・アット・マリーナベイ・サンズで買い物や食事を楽しんだら、ナイト・ショーで締めくくって。

アートサイエンス・ミュージアム
ArtScience Museum
アートと科学が融合したミュージアム。日本のテクノロジー集団チームラボとコラボした「フューチャー・ワールド」展は必見。▶P.65

サンズ・シアター
ルイ・ヴィトン
イベント・プラザ

【マップ】
P.20 ガーデンズ・バイ・ザ・ベイ
インフィニティ・プール P.33
ベンジャミン・シアーズ・ブリッジ
サンズ・スカイパーク展望デッキ P.32
シェアーズ・アヴェニュー
タワー3 タワー2 タワー1
マリーナベイ・サンズ・ホテル
ベイフロント駅
MRTサークル線
MRTダウンタウン線
マーキー・シンガポール P.35
サンズ・シアター
カジノ P.35
サンズ・エキスポ&コンベンション・センター
イベント・プラザ
アートサイエンス・ミュージアム P.65
ルイ・ヴィトン
P.34 ザ・ショップス・アット・マリーナベイ・サンズ
マリーナ・ベイ

30 ©iStock.com/alexialex

Marina Bay Sands

03 MARINA BAY SANDS

サンズ・スカイパーク
Sands SkyPark
全長340mの空中庭園に、展望デッキやプール、レストランが。シンガポールの特等席でセレブ気分を満喫。
▶P32

マリーナベイ・サンズ・ホテル
Marina Bay Sands Hotel
3つの棟に2500室の部屋を有する5ツ星ホテル。絶景スパやプール、フィットネスジムは宿泊者だけの贅沢。

地上200mから見る夜景に感動！昼間はマリーナ・ベイやガーデンズ・バイ・ザ・ベイを一望

タワー3
タワー2
タワー1

カジノ

サンズ・エキスポ&コンベンション・センター

夜のライトショーも必見！
イベント・プラザでは、毎晩光と水のシンフォニー「スペクトラ(→P.37)」を開催。舞い上がる噴水とオーケストラ、色鮮やかなビジュアルアートが融合したショーが無料で楽しめる。

ザ・ショップス・アット・マリーナベイ・サンズ
The Shoppes at Marina Bay Sands
ローカルブランドからハイエンドブランドまで、約270店舗が揃う。夜遅くまで開いているのも魅力。
▶P34

シンガポールでぜったいしたい10のコト

03 天空に浮かぶ船 マリーナベイ・サンズの全貌

BEST 10 THINGS TO DO IN SINGAPORE

シンガポール観光のハイライト
屋上の船で絶景に目を見張る

3つのホテル棟を連結する巨大船は、全長340m、総面積1万2400㎡の空中庭園。展望デッキやプール、レストランから、海と空・都市の美景を一望！

Marina Bay Sands

世界最大級の観覧車シンガポール・フライヤーも小さく見える

誰でも楽しめる！

ベイエリアの大パノラマに感動！
サンズ・スカイパーク 展望デッキ
Sands SkyPark Observation Deck
マリーナ MAP 付録P.15 F-2

巨大船の舳先は、地上200mからの眺望を360度楽しめる展望デッキ。スーパーツリーが立ち並ぶガーデンズ・バイ・ザ・ベイや美しい都市の街並みから、シンガポール海峡までが眼下に広がる。空気の澄んだ早朝か、街の灯が輝き出す夕暮れ以降がおすすめ。朝日を浴びながらのサンライズヨガも気持ちいい。

☎6688-8826 所マリーナベイ・サンズ タワー3 営10:00～16:30(最終入場16:00) S$32、12歳未満、65歳以上 S$28、17:00～22:00(最終入場21:30) S$36、12歳未満、65歳以上 S$32
休無休

information
● **入場制限について** 悪天候などで一時的にクローズすることがあるほか、安全のための入場制限も設定されており、待ち時間が発生することも。時間に余裕をもって行くのがおすすめ。
● **高所での注意事項** 地上200mという場所柄、総じて風が強い。突風の恐れもあるので、雨でも傘の使用は禁止。帽子などの持ち物も飛ばされないように注意しよう。
● **オリジナルグッズ** 展望デッキの中央付近にあるショップでは、オリジナルロゴ入りグッズなどを販売。サンズホテルが描かれたビニールトートバッグやキーホルダーを記念に。
● **屋上デッキへの行き方** タワー3の入口横にある専用エントランスから地下1階へ下りるとチケット売り場がある。チケットのバーコードを機械に通して入場したらエレベーターで56階へ。

展望デッキ / セラヴィ / スパゴ / インフィニティプール / ラヴォ・イタリアン・レストラン&ルーフトップ・バー

近未来的な建物が多いシンガポールは夜景もひときわ美しい

天空のレストランでくつろぐ

スカイパークにはレストランが。絶景と美食が織りなすひとときを特別な旅の思い出に。

音楽とともに極上ナイトライフ
セ・ラ・ヴィ
CÉ LA VI
マリーナ MAP 付録P.15 F-2

バーを併設した、シンガポールを代表するルーフトップナイトクラブ。有名DJたちの音楽をBGMにモダンなアジア料理やカクテルが味わえる。遮るもののない贅沢な夜景もここならでは。

☎6508-2188 所マリーナベイ・サンズ タワー3 営12:00～1:00(水・金曜は～翌4:00、木・日曜は～翌3:00) 休無休 ※入場時、要S$35のデポジット、レストラン、スカイバー営業もあり

➡屋外のスカイバーで好みのカクテルをオーダー

03 MARINA BAY SANDS

宿泊者限定！

世界一高いプールで天空遊泳
インフィニティ・プール
Infinity Pool
マリーナ MAP 付録P.15 F-2

ボーダレスな眺望に息をのむインフィニティ・プールは、屋外プールとしては世界最高の高さ。時間とともに移りゆく景色を楽しみながら非日常な時間を満喫したい。

☎6688-8868(代表) 所マリーナベイ・サンズ57F
営6:00～24:00 休無休 料無料(宿泊者限定)

プールは西向き。高層ビルが立ち並ぶ街並みに夕日が沈む

輝く夜の街を眺めながら、ロマンティックな時間を

シンガポールでぜったいしたい10のコト

information

● **遊具は不可** 子どものアーム用を除き、浮き輪やボールは使用不可。幼児と保護者用に水深30cmのエリアがある。静かにくつろぎたい人は大人用エリアがおすすめ。

● **電子機器の水没に注意** プール内は撮影可能。無二の絶景をぜひ撮影したいところだけれど、スマホやデジカメの水没には注意を。ジッパー付きビニール袋などに入れておくと安心。

● **ジャクジー** 木陰にチェアが並ぶエリアの奥にはジャクジーが。カクテルを持ち込んで、目の前に広がる水平線と行き交う船を眺めながら優雅なひとときを過ごしても素敵。

● **更衣室** スカイパークフロアには更衣室がないので、客室で水着に着替え、備え付けのバスローブを羽織るなどしてプールへ。最後はレンタルバスタオルで拭いてその場で返却して。

03 天空に浮かぶ船 マリーナベイ・サンズの全貌

↑オリジナルカクテルはS$25前後。絶景に乾杯！

180度の絶景と名物メニューを堪能
ラヴォ・イタリアン・レストラン&ルーフトップ・バー
LAVO Italian Restaurant & Rooftop Bar
マリーナ MAP 付録P.15 F-2

イタリアンのテイストを加えたアメリカ料理を提供。ブランチ、アペリティフタイム、ディナーと一日中使えるのも魅力。ザ・ミートボールや20層のチョコレートケーキが看板メニュー。

☎6688-8591
所マリーナベイ・サンズ タワー1 営11:00～24:00(金、土曜は～翌1:00) 休無休

→ピザS$33～やザ・ミートボールS$39はボリュームも満点

→ドリンク片手に、眺望抜群のテラスへ出て夜景を楽しもう

33

BEST 10 THINGS TO DO IN SINGAPORE

エンタメ満載の巨大モールに夢中
マリーナベイ・サンズで食べて、買って、遊んで！

ホテル向かいのショッピングモールは、買い物以外の楽しみ方もいろいろ。グルメにアトラクション、カジノまで1日かけても遊びきれない！

運河が流れるモール内に約270のショップがズラリ
ザ・ショップス・アット・マリーナベイ・サンズ
The Shoppes at Marina Bay Sands

マリーナ MAP 付録P.15 E-2

広大な3フロアに、有名ブランドから人気ローカルブランドまで幅広いショップが並ぶ。カジノやシアター、星付きレストラン、アジア初進出のクラブなど、エンターテインメントな施設も目白押し。

☎6688-8868(代表) 所マリーナベイ・サンズ内
営10:00～22:00(店舗により異なる)
休無休
※店舗により異なる

吹き抜けの3フロアに、ショップが並ぶ

↑空が広がる天窓の下に運河が流れ、屋内とは思えない開放感

"映える"シェイクも話題
ブラック・タップ・クラフト・バーガーズ&ビア
Black Tap Craft Burgers & Beer

マリーナ MAP 付録P.15 E-2

ニューヨーク発祥の人気バーガー店で、アジアではここが初。ボリュームたっぷりのバーガーと並んで人気なのは想像を絶する派手さのクレイジーシェイク。SNSに上げれば話題の的間違いなし。

☎6688-9957 所ザ・ショップス・アット・マリーナベイ・サンズ ベイ・レベル1F
営11:00～23:30
休無休

S$23
ジ・オール・アメリカン・バーガー
レタス、トマト、チーズを挟んだ定番バーガー。ほかにもビーガンやバーガーサラダなどもあり

→クッキーやロリポップなどがこんもり。これがシェイク!?

アジア各国の美味を気軽に
ラサプーラ・マスターズ
Rasapura Masters

マリーナ MAP 付録P.15 E-2

地下2階にあるフードコート。シンガポール、マレーシア、フィリピン、タイ、ベトナム、インド、日本などアジアを中心とした国の料理が揃う。比較的リーズナブルにいろいろな味が楽しめるのもうれしい。

☎店舗により異なる 所ザ・ショップス・アット・マリーナベイ・サンズ カナル・レベルB2
営10:00～23:00※24時間営業の店舗もあり 休無休

↑地元を中心に人気店が出店。24時間営業の店もあるが、深夜は多くの店が閉まるので注意

03 **MARINA BAY SANDS**

遊べる学べる楽しいスポット

↑地下2階にチケット売り場と乗り場が

小舟に乗って運河を遊覧
サンパン・ライド
Sampan Rides
マリーナ MAP 付録P.15 E-2

ショッピングモールの中を流れる運河を、かつての交通手段だった「サンパン船」という小舟でゆったり周遊。愉快な船頭さんが手漕ぎで案内してくれる。

所 ザ・ショップス・アット・マリーナベイ・サンズ カナル・レベルB2
営 11:00～21:00 休 無休
料 S$15

↑小舟でプチトリップ。道行く人から手を振られることも

巨大なボウルが魅せる渦潮と滝のアート
レイン・オクルス
Rain Oculus
マリーナ MAP 付録P.15 E-2

直径22mのアクリル製のボウルから、定時になると水が放出され、運河を満たす。地下2階では滝、1階では渦潮と別の表情が見られる。

所 ザ・ショップス・アット・マリーナベイ・サンズ カナル・レベル、アヴェニュー・レベル 営 毎正時に放出 休 無休

↑1～3時間に一度、毎分2万2000ℓ以上の水が流れ落ちる

リアルとバーチャルの境界を越えたアート体験
デジタル・ライト・キャンバス
Digital Light Canvas
マリーナ MAP 付録P.15 E-2

デジタルアートを五感で体験。床を魚の群れが泳いだり、足先を動かすと花が咲いたりと大人も楽しめる。

所 ザ・ショップス・アット・マリーナベイ・サンズ カナル・レベルB2
営 11:00～21:00(チケット販売は～20:00) 休 無休
料 S$12～

→シャンデリアのような、降り注ぐ光のツリーが目印、天井から降

↑テクノロジーとデザイン、最新のサウンドが融合するクラブフロア

世界を熱狂させたクラブがシンガポールに上陸
マーキー・シンガポール
MARQUEE Singapore
マリーナ MAP 付録P.15 E-2

ニューヨークやラスベガス、シドニーなど各地で成功を収めてきたマーキー・ナイトクラブのアジア初店舗。ワールドクラスのエンターテイナーやDJたちが出演し、最高のナイトシーンを約束してくれる。

☎6688-8660 所 ザ・ショップス・アット・マリーナベイ・サンズB1 営 22:00～翌6:00 休 金・土曜、第1水曜、祝halal日のみの営業 ※17歳以下は入場不可、パスポートなど身分証が必要

↑店内に観覧車まで。21mの高さからフロアを一望!

煌びやかな空間でゲーミングに興じる
カジノ
Casino
マリーナ MAP 付録P.15 E-2

世界最大級のスワロフスキーのシャンデリアに目を奪われる非日常空間。ブラックジャックやバカラなど、テーブルゲームは600台以上。運試しがてら遊んでみては。

☎6688-8868(代表)
所 マリーナベイ・サンズ内
営 24時間 休 無休
※21歳未満は入場不可、要パスポート

↑非日常的な空間を眺めてまわるだけでも興味深い

あわせてチェックしておきたい!

アートサイエンス・ミュージアム ▶P65
ArtScience Museum ミュージアム

シンガポールでぜったいしたい10のコト 03 天空に浮かぶ船マリーナベイ・サンズの全貌

BEST 10 THINGS TO DO IN SINGAPORE

夜空を舞台に光のスペクタクルダンス！

04 南国の夜絶景に ときめきが止まらない！

Night Spectacles

幻想的ナイト・ショー！

マリーナベイ・サンズなどの超モダンな高層ビルに囲まれたマリーナの夜景は近未来的で、世界屈指の美しさと評判。音と光のナイト・ショーでファンタスティックな夜を！

夜景観賞アドバイス

日没は19時くらい
シンガポールは赤道近くにあるため、年間を通して日の出と日没時間はほぼ同じ。19時くらいから暗くなっていく。

夜景をきれいに撮影するコツ
三脚がなくても手すりなどにカメラを置いてタイマーで撮影すれば、ぶれのないきれいな写真を撮影できる。手ごろなものがないときも、壁などに体を寄せて動かないように注意して撮影しよう。

04 NIGHT SPECTACLES

スペクトラ
Spectra

マリーナ MAP 付録P.15 E-2

**水のスクリーンに描かれる
色鮮やかなビジュアル世界**

マリーナ・エリアで毎夜繰り広げられる音と光と水の華やかなショー。オーケストラの演奏に合わせて噴水がカラフルに色を変え、水のスクリーンにストーリー仕立ての映像が浮かび上がり、レーザー光線が夜空を貫く。シンガポールの歴史や文化を表現した15分間のショーを無料で楽しめる。マリーナベイ・サンズのイベント・プラザから真正面で見られる。

☎6688-8868(マリーナベイ・サンズ) 交 Ⓜ各線Bayfrontベイフロント駅から徒歩5分 所 マリーナベイ・サンズ(→P.30) イベント・プラザ 開 20:00、21:00の2回、金・土曜は22:00の回もあり 休無休 料 無料 HP jp.marinabaysands.com/entertainment/spectra.html

水上に設置されている巨大なガラスのプリズムの光もきれい！

シンガポールでぜったいしたい10のコト

マーライオン・パーク側から眺めるマリーナベイ・サンズの夜景やレーザーショーも必見！

04 南国の夜絶景にときめきが止まらない！

BEST 10 THINGS TO DO IN SINGAPORE

とっておきのシチュエーションで魅惑の夜景を満喫！
マリーナの夜をもっと楽しむ3つの方法

マリーナの夜絶景をよりロマンティックに演出してくれるスポットを紹介。
水上から、上空から、ダイニングから、光り輝く夜景を味わい尽くす！

リバー・クルーズや観覧車、モンティからは、ナイト・ショーを違った角度で楽しめる！

クルーズで水上から楽しむ

心地よい風を感じながら夜景を楽しむ夜のボート・クルーズ。
陸上とは違った視点で景色を眺めつつ、夜景が映り込む水面を進む。

シンガポール川 リバー・クルーズ
Singapore River Cruise
マリーナ MAP 付録P.14 A-1（乗り場）

水上ならではの風景 特別な夜景を楽しむ

シンガポール川からマリーナ・ベイを木製ボートに乗って40分で巡る。ナイト・クルーズでは、川沿いに店の明かりが灯るクラーク・キー、ライトアップされた橋、闇夜に浮かぶマリーナのマーライオン、高層ビル群と、多彩な表情の夜景を水上から満喫できる。マリーナで催されるナイト・ショーの時間帯にも運航している。

☎6336-6111 交 ノース・イースト線Clarke Quayクラーク・キー駅から徒歩3分 所 30 Marchant Rd. 営 Singapore River Cruise10:00～22:30（金～日曜13:00～22:00）に1時間ごとに運航、Water B14:00～21:00に30分ごとに運航 休 無休（天候により運休あり）料 1周S$28、子供（3～12歳）S$18、レーザーショー・クルーズS$40 HP rivercruise.com.sg

こんな場所からもこんな絶景！

船上から見る絶景夜景

乗り場 Jetty

19時以降は混むので早めに到着しておこう。

クラーク・キー Clarke Quay

川沿いに並ぶ飲食店のレトロな建物群に明かりが灯り、ロマンティックなムードが漂う。

フラトン The Fullerton Hotel Singapore
コロニアル調の豪華なフラトン。ライトアップされてより優雅な雰囲気。いよいよマリーナ・ベイへ。

マーライオン Merlion

ライトアップにより白く浮かび上がるマーライオンの近くを走る。

ヘリックス・ブリッジ Helix Bridge から

マリーナベイ・サンズと蓮の花形のミュージアムが一望のもとに。

マーライオン・パーク Merlion Park から

正面にマリーナベイ・サンズを望み、湾にはクルーズ船が行き交う。

ジュビリー・ブリッジ Jubilee Bridge から

マーライオンとマリーナベイ・サンズを一緒に収められるスポット。

04 NIGHT SPECTACLES

観覧車に乗って空から楽しむ

さまざまな高さから、ゆっくりと夜景を満喫。ゴンドラ内はエアコンが効いているので快適な時間を過ごせる。

シンガポール・フライヤー
Singapore Flyer
マリーナ MAP 付録P.15 F-1

ナイト・ショーを上から眺めてみる

高さ165mを誇る世界最大級の大観覧車。ガラス張りの大型ゴンドラで約30分かけて一周しながら、マリーナの360度のパノラマ夜景を楽しめる。ディナーやカクテルの付いた優雅な貸切プランも。

豪華ディナー付きのスカイ・ダイニング

☎ 6333-3311 交 各線Promenadeプロムナード駅から徒歩8分 所 30 Raffles Ave. 営 8:30～22:30、ディナーは19:30と20:30の2回(30分前までに受付) 休 無休 料 S$40、子供(3～12歳)S$25、スカイ・ダイニング(2人以上)S$260～(1人) HP www.singaporeflyer.com

シンガポールでぜったいしたい10のコト

少しずつ空の色が変わりゆく夕暮れどきは最高のムード

- クラーク・キー Clarke Quay
- ジュビリー・ブリッジ Jubilee Bridge
- シンガポール・フライヤー Singapore Flyer
- ヘリックス・ブリッジ Helix Bridge
- フラトン The Fullerton Hotel Singapore
- マーライオン・パーク Merlion Park
- マリーナベイ・サンズ Marina Bay Sands
- モンティ Monti

― リバー・クルーズ航路
⚓ リバー・クルーズ乗り場

04 南国の夜絶景にときめきが止まらない!

対岸の絶景レストランから楽しむ

シンガポールを象徴するゴージャスな夜景を望む絶景レストランで贅沢な気分を味わいたい。

モンティ
Monti
マリーナ MAP 付録P.14 C-2

湾に浮かぶダイニングでロマンティックディナー

マリーナに突き出すように立つガラス張りのドーム「フラトン・パビリオン」にあるイタリアン・レストラン。マリーナベイ・サンズを正面に望み、海風が心地よいオープンエアのルーフトップバーもある。

↑夜はバーとして楽しめる。カクテル片手に夜景を楽しもう

☎ 9111-5529 交 各線Raffles Placeラッフルズ・プレイス駅から徒歩7分 所 82 Collyer Quay 営 11:00～15:00、18:00～23:30 休 無休 HP www.monti.sg

マリーナベイ・サンズを望むマリーナの夜景を心ゆくまで堪能

BEST 10 THINGS TO DO IN SINGAPORE

コロニアル時代の輝きを放つ

05 憧れのラッフルズで知る 一級のホスピタリティ!

往時の薫りを残す格式

ラッフルズ シンガポール
Raffles Singapore
シティ **MAP** 付録P.13 D-3

シンガポールの中心に位置する街のシンボルでもあるホテル

1887年、東南アジアで高級ホテルをいくつも経営していたサーキーズ兄弟が創業。以来、多くの旅人を温かいホスピタリティで迎えてきたラッフルズ。壮麗な建物をはじめ、白いターバンをつけたインド人のドアマンや、夕焼けをイメージした赤色のカクテル、シンガポール・スリングなど、その存在はシンガポール全体のアイコンともなっている。2年にわたって行われた改装工事も終わり、さらに磨きのかけられた、伝統と歴史を感じる空間を体感したい。

☎6337-1886 交M各線City Hall シティ・ホール駅から徒歩3分 所1 Beach Rd. 休www.rafflessingapore.com

ラッフルズを訪れた著名人

サマセット・モーム
Somerset Maugham
イギリスの小説家。1921年から3度にわたり滞在し、ラッフルズを「東洋の神秘に彩られている」と絶賛した。

チャーリー・チャップリン
Charlie Chaplin
「喜劇王」として知られる。彼の名を冠した客室には1933年にティフィン・ルームで撮影された、記念写真が飾られている。

ラッフルズ130年超のゲストブックに名を連ねるのは、文豪や映画スターなど錚々たる面々。特に高名な12人はスイートの名前にも使われている。

ジョン・ウェイン
John Wayne
多くの西部劇に出演し、アメリカで最も人気のある俳優だった。ラッフルズに滞在したのは晩年の1970年代。

エリザベス・テイラー
Elizabeth Taylor
ハリウッドを代表する美人女優。1993年の2度目の来訪の際には、友人のマイケル・ジャクソンが同行していたそう。

05 RAFFLES

シンガポールを代表する高級ホテルであるとともに、イギリス植民地時代の空気を最も色濃く残す歴史の生き証人でもあるラッフルズ。白亜のコロニアル建築で待つのは、1世紀を越え世界の旅人の心をつかんできたこのうえない居心地とサービスだ。

本館は1899年に建設されたもの。1987年に国の記念建造物に指定されている

↑エレガントな吹き抜けのロビーはラッフルズを代表する空間。奥には宿泊者用スペースへ続く豪華な木の階段が見える

↑大理石が敷かれた美しい回廊

シンガポールでぜったいしたい10のコト

05 憧れのラッフルズで知る一級のホスピタリティ！

全室スイートの至福の滞在
開放的でコロニアルな雰囲気に満ちた客室で、優雅なひとときを送りたい。

コートヤード・スイート
Courtyard Suites
ホテルの中心に位置し、外からもすぐにアクセスできる。ベランダでシダが生い茂る緑豊かな中庭を眺めながら、ゆっくりと過ごせる。

レジデンス・スイート
Residence Suites
ベッドルームやバスルームのほかにも、リビングとダイニングエリア、パントリーなど広々とした造り。自宅のようにくつろぐことができる。

スイートによっては、ベランダから美しい中庭を望める

シンガポール・スリング片手にプールサイドでのんびり

BEST 10 THINGS TO DO IN SINGAPORE

歴史とモダンのたくみな融合
ダイニング&バーで伝統のもてなしを体験

宿泊しなくても利用できる

本館ロビーに続くダイニングエリアや、商業エリアのラッフルズ・アーケードでは、宿泊者以外もラッフルズならではの、格式ある空間で食事を楽しむという贅沢な時間を体験することができる。

厳選された食材をじっくり薪焼き
ブッチャーズ・ブロック
Bucher's Block　　薪火料理

特製オーブンの薪の火が燻製にする。ローストする。強火でグリルする。炭火の中に埋める、炭火に吊るすなど、世界中から調達された最高級の肉や魚介類がまさに火の芸術によって独創的な料理に生まれ変わる。

☎6337-1886(代表) 所ラッフルズ・アーケード2F 営12:00～14:30、18:00～21:30(最終入店) 休月・火曜

食材のカットから仕上げまで、シェフの見事な手さばきが見られるオープンキッチン

↑種々のハーブとスパイスを使って薪焼きし、風味を閉じこめたポークトリオ

専門家によって1900年代初頭のインテリアを再現。壁に貼られた鏡が開放感を増す

ホテルとともに歩むダイニング
ティフィン・ルーム
Tiffin Room　　北インド料理

ホテルに遅れること5年、1892年に開業した歴史あるダイニング。インド人シェフが作るカレーやナンをはじめ、本格的な北インド料理が楽しめ、ベジタリアン料理S$26～も揃う。

☎6412-1816 所本館グランド・ロビー 営12:00～13:30(最終入店)、18:30～21:00(最終入店) 休無休

←朝食はビュッフェ形式

05 RAFFLES

シンガポールでぜったいしたい10のコト

つまみとして出されるピーナッツの殻は床にポイ捨てするなど、飾らない雰囲気がロング・バー流

壮麗な空間でティータイム
グランド・ロビー
The Grand Lobby 　アフタヌーンティー

3段トレーにのせて、伝統的なフィンガーサンドイッチやスコーン、ケーキが出される

改装にともない、ティータイムの会場はロビーに移された。ヴィクトリア様式の柱が並ぶ歴史を感じる空間で、厳選された紅茶やシャンパンとともに、エレガントな時間を過ごせる。アフタヌーンティーS$98。

☎6337-1886(代表) 所本館グランド・ロビー 営7:00～10:30、12:30～17:30 休無休

国を代表するカクテルの元祖
ロング・バー
Long Bar

今では世界中で出されるようになった「シンガポール・スリング」発祥の店。長いカウンターがしつらえられた店内は、20世紀初頭のマレーの農園をイメージした内装で、伝統ある店だが、格式ばったところはない。

☎6412-1816 所ラッフルズ・アーケード2F 営11:00～22:30(最終入店)、木～土曜は～23:30(最終入店) 休無休

↑一番人気はもちろん鮮やかな赤色をしたシンガポール・スリングS$22

シンガポール・スリング
1915年にロング・バーのバーテンダーを務めるヤム・トン・ブーンがレシピを考案。一見フルーツジュースのようにも見える特徴的な色合いは、当時は外で酒を飲むことが好ましくないと思われていた女性でも、楽しめるように工夫されたものだったそう。

憧れのラッフルズで知る一級のホスピタリティ！ 05

ラッフルズの世界をもっと楽しむ
改装により多くの新しいレストランがオープンした。ギフトショップやスパも見逃せない。

ラッフルズ・ブティック ▶P131
Raffles Boutique 　ギフトショップ

ラッフルズ・アーケード内にあり、ラッフルズをモチーフにした各種グッズや、高品質な食品などを販売している。

ラッフルズ・スパ
Raffles Spa 　スパ

スパは大幅に改装され、ラッフルズ・アーケード内に新設。宿泊者以外も利用可能となった。独自のトリートメントを提供。

☎6412-1377 所ラッフルズ・アーケード1F 営10:00～19:00 休無休

ライターズ・バー
Writers Bar 　バー

グランドロビーの一画を占めるバーで、ホテルを訪れた数々の作家の記念品などが置かれている。

☎6337-1886(代表) 所本館グランド・ロビー 営17:00～23:00LO、金・土曜は～23:30LO 休無休

43

BEST 10 THINGS TO DO IN SINGAPORE

アジアンな外食グルメのカオス広場

06 安い、旨い、楽しい！ホーカーズ&フードコート
屋台街にあふれるローカル気分

共働きの多い多忙なシンガポールの住民はメンドーな自炊より外食を好むが、そんな彼らが利用するのが「ホーカーズ」と「フードコート」。それぞれの特徴を知って、好みの美味に出会う。

Hawkers & Food Court

多種多様なローカル食が並ぶ屋台村を満喫する

3食とも外食という家庭も少なくないシンガポーリアンがよく利用するのがホーカーズ。1960年代からの都市化政策の一環として衛生面を考慮して、個々の屋台（ホーカー）を集めて収容する「ホーカーズ・センター」をオープン。外食する機会の多い住民の栄養や健康に配慮したメニューを提供し、"外食文化"を支えている。料理は中国系やマレー系、インド系などが中心で、ほかにコーヒーやデザート類まで、多彩なメニューが揃い、安価な料金で楽しむことができる。多くの屋台が並ぶので、アタリ・ハズレもあるが、ホーカー情報の収集も楽しみのひとつだ。ミシュランの星を持っている屋台もある。

100軒ほどの店が集まるところもあるホーカー。食べ比べや、初めて味わう料理が楽しみ

©iStock.com/annop24

知っておきたいホーカーズ&フードコート

店の形態や営業時間、施設環境の違いはここでチェック。旅のスタイルに合ったものを、食事のプランに組み込んでみよう。

これがホーカー

- **食材** / **ホーカーズ内での場所** #01-02
- **メニュー**：上部に写真入りで表示されていることが多い。サイズ違いで料金も変わる
- **食器類・トレー**：セルフサービスの店が多いので待っている間に箸や調味料を準備
- **衛生度ステッカー**：政府によるランク付け。安心して利用できる目安はAとB
- **調味料**：自分の好みに応じて、自由に利用できる

ホーカーズとフードコートの違いは？
ホーカーズの魅力は店の多彩さ。その分、玉石混交という一面も。半屋外で空調があまりないところもある。フードコートは人気店がセレクトされているため、最低限の質は保証される。商業施設内で空調も完備、衛生面も安心できる。

店選びのコツは？
ホーカーズの場合は、人気料理を求めるなら行列の長さで、安心・安全を求めるなら貼られている衛生度ステッカーを参考に。フードコートは評判の味が集まるところなので、好みで選ぼう。

アルコールはある？
ホーカーズではドリンクコーナーやビール専門店で、缶や瓶のビールが手に入る。フードコートは扱っていないことも多い。

営業時間は？
ホーカーズの営業時間はさまざま。早朝からの営業や、深夜も営業している場合も。フードコートでは基本的に全体の営業時間に準ずる。

トイレはある？
ホーカーズによってはトイレが設置されているが、有料の場合もある。フードコートでは商業施設内にあるトイレを利用しよう。

注意しておきたいこと
クレジットカードが使えない場合が多いので、小銭や小さいお札を多めに用意しておきたい。また席取りの際の置き引きや、移動中のスリにも十分注意しよう。

➡QRコードなどを使った電子決済の導入も進んでいる

06 HAWKERS & FOOD COURT

シンガポーリアンの作法　ホーカーズの使い方

利用方法は基本的に日本のフードコートと同じだが、安心して食事を楽しむためにも、ホーカーズでの注文から食事までの流れや、店員さんとの簡単な英会話を事前に知っておきたい。

席を確保する
席は自由なので、留守番役を置いて、交代で注文に向かう。ひとりの場合は、ポケットティッシュを置く。料理を持ってきてくれる店では、席番号が必要になるので覚えておく。

これをください。
I'll take this.
アイル テイク ディス

ここに座ってもよいですか？
Do you mind if I use this seat?
ドゥ ユー マインド イフ アイ ユーズ ディス シート

いくらですか。
How much is this?
ハウ マッチ イズ ディス

注文したものがまだ来ていません。
My order hasn't come yet.
マイ オーダー ハズン カム イェット

店を選ぶ
多くの店では、メニューと料理写真を掲げているので、好みの料理を探そう。行列の長さをヒントにして、人気屋台の料理を味わうのもすすめ。飲み物だけを扱う店もある。

料理を席に運ぶ
セルフ式の店では、料理を受け取り席に運ぶ。箸や調味料も受け取り場所に置かれている。注文時に席番号を伝え、席まで運んでくれる店や、呼び出しベルを使う店もある。

料理を注文する
食べたい料理と数、サイズなどを伝え注文。セルフ式の店はここで支払いも終わらせ、料理のできあがりを待つ。席まで持ってきてくれる店では、料理受け取り時に支払い。

食べ終わったあとは？
食器を回収するスタッフがいるので、そのままでもOK。ただし、近年は自分で返却するのが推奨されていて、返却口がある場合も。返却口にはイスラム教のハラル用もあるので注意。

世界が認めた美食の屋台料理

屋台メシは「安い・早い」だけじゃない！美食家お墨付きの「旨い」も三拍子揃う料理だ。世界で最も安いミシュラン星付きグルメを、ぜひ一度お試しあれ。

▲ドライ（汁なし）が人気だが、辛みが苦手ならスープ（汁あり）を

MENU
ポーク・ヌードル（ドライ）S$6〜
ワンタンや豚肉など具だくさん。酸味と辛みが美味。

暑さを飛ばす黒酢が効いた麺
吊橋頭 大華豬肉粿條麺
Hill Street Tai Hwa Pork Noodle
ヒル・ストリート・タイホア・ポーク・ヌードル

アラブ・ストリート　MAP付録P.11 F-4
1932年創業、ラヴェンダー駅近くのHDBにある。しっかりだしが効いたスープと平たい麺、ビネガーの効いたタレが絶妙。人気のため行列必至。

☎9272-3920
Ⓜイースト・ウエスト線Lavenderラヴェンダー駅から徒歩5分
🏠466 Crawford Lane, #01-12
🕘9:00〜20:30
❌第1・3月曜

▲スミス・ストリートの店舗は新しく清潔感もある

MENU
ソヤソース・チキン・ヌードル S$8.40
ローストされたチキンと濃厚なソヤソースがベストマッチ

麺とチキンに絡む絶品ソース
ホーカー・チャン
Hawker Chan（Hong Kong Soya Sauce Chicken Rice & Noodle）香港油鶏飯・麺

チャイナタウン　MAP付録P.16 A-1
現在は、屋台のほか3店舗を構える。チキンは厚く、ふっくらしており、皮もツヤがありジューシー。ヌードルは細麺でソースに絡みさっぱりしている。

☎6272-2000
Ⓜ各線Chinatownチャイナタウン駅からすぐ
🏠78 Smith St.
🕘10:30〜20:00（LO19:30）
❌無休

06 安い、旨い、楽しい！ホーカーズ＆フードコート

シンガポールでぜったいしたい10のコト

45

BEST 10 THINGS TO DO IN SINGAPORE

シンガポールが誇るグルメの殿堂
絶品料理に出合える必訪ホーカーズ TOP 4

ひとくちにホーカーズといっても、ローカルが足繁く通う庶民的なものから、クリーンで観光客向けなものまでさまざま。コスパも良く気軽に立ち寄れるので、ぜひ比べたい。

歴史ある市場が、シンガポール最大級のホーカーズに

オフィス街にある多国籍なグルメスポット
ラオ・パ・サ・フェスティバル・マーケット
Lau Pa Sat Festival Market
チャイナタウン MAP 付録P.14 B-3

六角形のコロニアル調の魚市場を改装した約2500席の巨大なホーカーズ。シンガポールの名物料理をはじめ、中国、インド、タイなど、各国の料理店が60店舗近く並び、昼はビジネスパーソンのランチスポットとして賑わう。夕方には北側のブーン・タット・ストリートにサテーを売る屋台が並び、一帯は活気を帯びる。

☎6220-2138 ⓂダウンタウンTelock Ayerテロック・アヤ駅から徒歩3分 ⑰18 Raffles Quay ⓗ24時間(店舗により異なる) ⓚ店舗により異なる

↑金融街の交差点に位置する全天候型のホーカーズ

↑屋根はないが、道路に面したテラス風の席もある

S$8.50

▶フィッシュビリヤニ
Fish Briyani
インドのピラフにフライド・フィッシュ、温野菜、スープのセット
(Indian Classic Cuisine)

S$9.90

▶黒トリュフ小籠包
Black Truffe Xiao Long Bao
アツアツの皮の中にトリュフたっぷりの具が入る
(Shanghai Fried Xiao Long Bao)

▶ひよこ豆フライ
Felafel Plate
中東の伝統料理フェラーフェル(豆を潰した揚げ物)にサラダ、チャパティのセット
(Turkish Cuisine)

S$9.90

06 HAWKERS & FOOD COURT

ランチタイムは、かなり混み合うので、時間をずらしたい

チャイナタウンにあり味が評判で観光客にも人気
マックスウェル・フード・センター
Maxwell Food Centre

チャイナタウン **MAP** 付録P.16 B-3
中国系の屋台を中心に行列ができるチキンライスの「天天海南鶏飯(→P.84)」やお粥の「真真粥品」など人気店が点在し、60軒ほどが集まっている。スイーツやドラフトビールの屋台もあり、昼前から一日中賑わっている。

☎6225-5632 ㊋イースト・ウエスト線Tanjong Pagarタンジョン・パガー駅から徒歩7分 ㊁1 Kadayanallur St.
⏰8:00〜翌2:00(店舗により異なる)
㊡店舗により異なる

▶ チキンカツ親子丼
Chicken Cutlet
揚げたてのチキンカツレツをふわふわの卵でとじた丼
(DANLAO)
S$6.50

▶ 焼きそば
Fried Mian Xian
雲南省のソウルフード、米麺焼きそば
(Somerset)
S$4

▶ ワンタンスープ
Dumpling Noodle
ワンタン&コクのある白スープでホッとひと息(喜迎客)
S$4.50

シンガポールでぜったいしたい10のコト

シンガポールを代表する有名なホーカーズのひとつ

オープンエアの中庭に約80店舗が集結する観光名所
ニュートン・フード・センター
Newton Food Centre

ニュートン **MAP** 付録P.4 B-1
創業は1971年で、観光客向けのホーカーズとして有名で1600席の規模。海鮮BBQを中心に、シーフードの店が多いが、エビやカニなどは、時価のメニューが多いので、およその料金を事前に確認しておきたい。

☎なし ㊋各線Newtonニュートン駅から徒歩3分 ㊁500 Clemenceau Ave. North
⏰24時間(店舗により異なる)
㊡店舗により異なる

S$9

▶ プラウン・ヌードル
Prawn Noodle
選べる麺は6種。料金によりエビの大きさが異なる
(紐頓天香虾麺)

S$5.81

▶ フライド・ホッケン・プラウン・ヌードル
Fried Hokkien Prawn Noodle
プリプリのエビが3尾、黄麺とビーフンを使っている
(NEWTON 51)

パラソルの下の客席は明るく、扇風機も完備。円卓が多く団体向け

選ばれしB級グルメの競演
マカンストラ・グラットンズ・ベイ
@エスプラネード・シアターズ・オン・ザ・ベイ
Makansutra Gluttons Bay

マリーナ **MAP** 付録P.15 D-1
マリーナ・ベイに隣接する、シンガポールの有名グルメ本の名を冠し、店舗は12店と少なめだが、出店する屋台のレベルが高い。常時ほとんどの席がうまるほど、賑わいを見せている。

☎なし ㊋サークル線Esplanadeエスプラネード駅から徒歩5分 ㊁#01, 8 Raffles Ave., 15 Esplanade ⏰17:00(日曜16:00)〜翌2:00、冬期16:00(土・日曜15:00)〜23:00 ㊡無休

S$21

▶ シーフードBBQ
BBQ Trio Seafood
エビ、アサリ入り海鮮バーベキュー
(BBKIA Stungrag)

▶ 焼き豆腐炒め
Tahu Goreng
焼き豆腐に落花生、野菜をトッピングしたヘルシー料理
(Syifa Satay)
S$7

S$6

▶ タフ・ゴレン
Tahu Goreng
揚げ豆腐と細切りにした野菜を、甘い味噌ダレに絡めて(SYIFA'S SATAY)

安い、旨い、楽しい! ホーカーズ&フードコート

47

BEST 10 THINGS TO DO IN SINGAPORE

名店をよりすぐりでラインナップ
使い勝手抜群なフードコート 厳選4

清潔感やエアコン、トイレなどの快適さから、初心者にもおすすめのフードコート。
ショッピングの目抜き通りやシティの中心部に位置しているため、アクセスも便利。

エアコンの効いたおしゃれでクリーンな空間で女性にも人気

地下4階のフードコートに人気ローカルフードが集結

フード・オペラ
@アイオン・オーチャード
FOOD OPERA

オーチャード・ロード MAP付録P.6 B-2

アイオン・オーチャードの地下4階にあるおしゃれなコロニアル調のフードコート。ローカルフードの名店を中心にデザート専門店や日本食まで、27の店舗が並び、オーチャード・ロードの観光や買い物の合間に利用したい。

☎なし ✈Ⓜノース・サウス線Orchardオーチャード駅直結 所アイオン・オーチャード(→P.136) B4 ⏰10:00〜23:00 休無休

▶サーモン鉄板焼き
BBQ Salmon
鮭のほかチキン・ポーク・ビーフから1種選ぶ盛り合わせ
(THYE Hong)
S$9

▶串焼き(盛り合わせ)
BBQ
豊富な種類から選べる。ポーク、エビ、コーンの串焼き
(PUTIAN)
S$7.80

▶米麺焼きそば
Putien Mee Sua
エビやアサリなどが入った贅沢なシーフード細麺焼きそば
(PUTIAN)
S$8.50

▶マンゴー・アイス
Mango Sago with Coconut Ice Cream
アイスにマンゴーとサゴをちりばめたデザート
(CHW ZAN Dessert)
S$7.50

シンガポールの本物の味を届けることがモットー

コピティアム
@プラザ・シンガポール
Kopitiam

オーチャード・ロード
MAP付録P.7 F-3

1988年創業、2019年に4つの企業が統合しパワーアップ。国内100以上の店舗で、約200万人に食を提供する庶民の台所。下ごしらえ済みの良品食材をすばやく調理。安価でも味は折り紙付き。

☎6837-0046 ✈Ⓜ各線Dhobyドビー・ゴート駅から徒歩2分 所68 Orchard Road, Plaza Singapura内、6F ⏰8:00〜22:00 休なし

満席になることも多いのでまずは席を確保しよう

▶エビチャーハン
Prawn Fried Rice
ふんわり卵かけエビ入りチャーハン
(SG Hawker Stories)
S$8

▶海鮮ヌードル
Fujian Seafood Noodle
エビ、アサリにシイタケ、チンゲン菜などが入った人気メニュー
(Mama Putien)
S$8.30

▶焼き餃子
Fried Dumpling
定番の焼きたての餃子は串刺しだから食べやすい
(Kim Dae Bak Korean)
S$4.50

48

06 HAWKERS & FOOD COURT

世界の美食家も満足させる多国籍料理の饗宴

ラサプラ・マスターズ
@マリーナ・ベイ・サンズ

Rasapura Masters

マリーナ MAP 付録P.15 E-2

モダンなショッピングセンター内にあるフードコート。中華・日本・韓国・インドと多国籍料理が揃うほか、点心やステーキ、鍋物などバラエティ豊かなお店のメニューがラインナップ。ミシュラン店も軒を連ねる。

☎なし ⊗M各線Bay Frontベイフロント駅から徒歩7分 ㊐ 2 Bayfront Ave, Marina Bay Sands B2 ⊕ 10:00-23:00 ㊡無休

S$10.90
▶ ベジタリアンカレー
Vegitalian Curry Set
ミシュランの星に輝く高名なカレー店の味が手軽に味わえる
(Curry Rice)

▶ エビ焼きそば **S$12.50**
Fried Prawn Noodle
贅沢にエビを使ったしっとりとなめらかな食感の焼きそば
(Fried Hokkien Mee)

フードコートで有名店の味が楽しめる

▶ ビーフ鉄板焼き **S$10.30**
Beef Pepper Rice
1人前ずつ鉄板でグリル。黒胡椒の効いたビーフは抜群の味
(Pepper Kitchen)

地元の人もみんな大好き 安ウマB級グルメを食す

ティオン・バル・マーケット

Tiong Bahru Market

ティオン・バル MAP 付録P.8 B-3

1階は生鮮食品市場、2階がフードセンターエリア。小さいながらも種類は多く、地元の人が多いので全体的に安くておいしい。行列のできる店も点在。庶民的な雰囲気を屋内で楽しめる。

夜まで開いているが、店によって営業時間は異なる

☎なし ⊗Mイースト・ウエスト線Tiong Bahruティオン・バル駅から徒歩10分 ㊐ 30 Seng Poh Rd. ⊕ 8:00〜22:00(店舗により異なる) ㊡月曜

S$6
▶ ワンタンヌードル
Wanton Noodles
グリルダックをトッピングした贅沢な定番焼きそば、スープ付き
(Wanton Noodles)

▶ あんかけヌードル **S$4.50**
Lor Mee
ミシュラン獲得店。トッピングは魚の天ぷら(Lor Mee)

▶ ひき肉ヌードル
Minched Meat Noodle
ひき肉、シイタケ、ゆで卵入り。底に沈んだ甘辛スープを麺に絡める
(Tiong Bahru Bak Chor Mee)
S$4〜

シンガポールでぜったいしたい10のコト

06 安い、旨い、楽しい! ホーカーズ&フードコート

49

BEST 10 THINGS TO DO IN SINGAPORE

Four Major Zoo

ジャングルの中は動物天国!

07 あまりに個性的! シンガポールが誇る4大動物園

4つともコンセプトは違います!

街の郊外に広がる熱帯雨林に、4つの動物園が隣り合って作られている。それぞれに特徴があって、どれも人気の観光スポット。じっくりひとつに行くか、頑張ってハシゴしてみるか。

アクセスガイド

動物園はMRT駅から少し離れた場所にあり、バスまたはタクシーに乗り継ぐ必要がある。移動手段は主に以下がある。出発前に確認しておこう。

マンダイ・エクスプレス
Mandai Express

7つのホテル前のバス停を巡回し直行するバス(木～日曜のみ運行、往路5本／うち2本はナイトサファリ、復路2本)。
☎6338-6877(9:00～18:00)、9321-7400(18:00～22:00) 片道S$8、往復S$16 所要時間 約20分
HP https://www.mandaicityexpress.com

タクシーで行く
中心部から約30分、S$20～30。帰りのタクシーはつかまりにくいので、ホテルで往復タクシーを手配してもらうのも手。

MRT+路線バスで行く
MRTでノース・サウス線 Ang Mo Kioアン・モ・キオ駅下車、バスインターチェンジで路線バスの138番に乗車。運賃はS$2.10で、約40～50分に到着する。

チケットガイド

当日券の窓口では行列で待たされることもあるので、できればWebでの事前購入がおすすめ。割引もある。またナイト・サファリは入場人数に制限があるため事前に予約しよう。

単独チケット

A	ナイト・サファリ	S$56、子供S$39
B	シンガポール動物園	S$49、子供S$34
C	リバー・ワンダー	S$43、子供S$31
D	バード・パラダイス	S$49、子供S$34

マルチ・パーク・チケット

2カ所以上のパークを訪れる予定ならお得になる共通券がある。有効期限は7日間でその間なら日程がずれていてもOK!

4パーク共通	S$110、子供S$80
2パーク共通	S$90、子供S$60
2パーク共通(ナイト・サファリ以外から選択)	S$80、子供S$50

↑シーズンによっては長蛇の列になる

・マンダイ・ワイルドライフ・ウエスト
バード・パラダイス
シンガポール動物園
ナイト・サファリ
リバー・ワンダー

50

07 FOUR MAJOR ZOO

動物たちの夜の姿をトラムや徒歩で見学
ナイト・サファリ
Night Safari

シンガポール北部 MAP 付録P.2 C-2

動物たちの夜の生態を見学できる、夜だけのサファリ・パーク。約35haの熱帯雨林に約130種、2500頭以上の動物を野生に近い状態で飼育。生息地帯にエリアを設け、水路や木々などで仕切られている。見学方法はトラムと徒歩の2通り。

☎6269-3411 交P.50参照 所80 Mandai Lake Rd. 開19:15〜24:00(入園は〜23:15) 休無休 HP www.mandai.com/en/night-safari

薄暗闇のなか巨大なゾウが目の前に出現!間近に見ると迫力満点

ナイト・サファリはここがスゴイ!
夜行性動物がいきいき活動
一般の動物園では動いていることはあまりない夜行性動物が活発に活動している。
リアルに再現された生息環境
それぞれの動物たちの生育環境を再現し、ありのままの姿を探検している気分で見学できる。
動物たちの檻がない!
檻ではなく木や水路といった自然のもので隔たれているだけなので動物が間近まで来ることも。

↑群れで狩りをするハイエナは夜行性のため活発

↑暗い熱帯雨林の中を探検気分でトレッキング

↑夜が好きなネコ科の動物が多数

information

● **入場時間** 1時間ごとに入園できる人数に制限がある。現地で入園ができなかったという事態を避けるため、事前にチケットを購入しておきたい。

● **トラムとトレイル** トラムなら解説を聞きながらまわれ、トレイル(徒歩)なら間近に動物を見ることができる。ただし、トレイルは一本道で、奥まで進むと戻るのに時間がかかるのでショーの時間などに注意しよう。

● **飼育動物以外の野生生物にも注意** 園内には飼育されているものとは別に、その土地に棲みついている動物もいる。危険な生物は多くないが、ヘビやサソリを発見した場合はスタッフに連絡を。

● **フラッシュ厳禁** 動物たちに刺激や被害を与えないため、園内のフラッシュ撮影はショーも含めて禁止となっている。暗いからといって懐中電灯などのライトも点灯してはダメ。

● **衝突に気をつけて** 園内は暗くて視界が悪いうえ、動物たちに夢中になって周りへの注意が疎かになることも。ほかの入園者やトラムと衝突しないよう注意。

まわり方アドバイス

滞在時間の目安 **3〜4時間**

多言語トラムを予約できた時間に合わせて、まわる順番やナイト・ショーの回を検討しよう。ナイト・ショーは早めに行かないと、満員で入れないことも多いので、開演20分前には会場に着いておきたい。

多言語対応トラムを予約!!
無料の英語トラムは時間の制約がないが、待ち時間が長くなる。予約した時間に確実に乗れる多言語対応トラムS$10がおすすめ。早い回から埋まっていくので、シンガポール動物園やリバー・サファリも訪れるときは、先にトラムを予約しよう。

18:45
トワイライト・パフォーマンス →
入場前にパフォーマンスを見ながら、レストランなどで腹ごしらえ。

19:15
トラムに乗車
入口から道なりに歩けばトラム乗り場。予約したトラムに乗車。

20:30
クリーチャーズ・オブ・ザ・ナイト・ショー ↙
ナイト・ショー鑑賞。待ち時間もいるので、トレイルをじっくり満喫したいならば飛ばすのも手。

21:00
トレイルを探索 ↓
薄暗いジャングルへ。1周すると、1時間30分〜2時間が目安。

普段は見られない姿を楽しめる

22:30
おみやげをGET! ↗
トレイルを堪能したら、入口近くのギフト・ショップでおみやげを探そう。

フタ付きのマグカップ S$19

ぬいぐるみ S$19

シンガポールでぜったいしたい10のコト

07 あまりに個性的!シンガポールが誇る4大動物園

BEST 10 THINGS TO DO IN SINGAPORE

Night Safari

トラムに乗ってジャングルへ
Tram Safari Experience

トラムの中から気軽に見物
日本語解説付きのトラムもある

窓にガラスのない開放的なトラムに乗って約30分のコースを巡る。予約不要で無料の英語トラム、予約制で日本語など多言語に対応した有料の多言語トラムの2種類がある。

> **トラムのルート**
> コースは時計回り。エントランス近くからフィッシングキャット・トレイルなどトレイル沿いに進んでスタート近くに戻る。後半はトラム専用のエリアへ向かう。ここでしか見られない動物も。
> 所要時間 30分

マレーバクがこんな近くに。間近で見ると、想像よりもずっと大きい！

アジアライオン
Asian Lion
インドなどに生息する。アフリカライオンよりはやや小柄

アジアゾウ
Asian Elephant
南アジアから東南アジアに広く生息。人間の言葉を理解するなど頭のよい動物

眠っている動物もちらほら

→サファリ柄やゼブラ柄のトラムに乗り込んで出発

ナイト・ショーで盛り上がる
Night Shows

ライブ感満点のファイヤー・ショーと愉快なアニマル・ショーを見学

園内では2種類のナイト・ショーが毎夜繰り広げられる。伝統的なファイヤー・ショーとアニマル・ショーで、まったく違った魅力がある。時間は5〜25分とそれほど長くないので、時間をうまく調整して両方見よう。

迫力のファイヤー・パフォーマンス
トワイライト・パフォーマンス
Twilight Performance

熟練したパフォーマーが繰り広げるエキサイティングなファイヤー・パフォーマンスが楽しめる。

料 無料 上演時間 約5分 開催場所 ナイト・サファリ入口の中庭 開催時間 20:00、21:00

動物たちの生態を楽しく学べるショー
クリーチャーズ・オブ・ザ・ナイト
Creatures of the Night

夜行性の動物たちが活躍するアニマル・ショー。カワウソやハイエナ、ジャコウネコなどが、ユニークな特技や優れた能力を披露してくれる。

料 無料 上演時間 約25分 開催場所 アンフィシアター 開催時間 19:30、20:30、21:30（金・土曜、祝前日のみ）

観客参加型のコーナーも。大蛇にさわれるチャンスなんてめったにない！

07 FOUR MAJOR ZOO

ナイト・サファリ

アイコン	説明
i	レセプション
+	救護所
	雨よけ
	レンジャー・ステーション
	トイレ
	ギフト・ショップ
	レストラン
	軽食・飲料販売所
	ロッカー
	トラム停留所

RESTAURANT & SHOP

ウル・ウル・サファリ・レストラン
Ulu Ulu Safari Restaurant
エントランスコートヤードにあり、ローカル料理や各国の料理をビュッフェかアラカルトで楽しめる。
🕒 17:30〜23:00
休 無休

ギフト・ショップ
Gift Shop
エントランス近くに総合ショップがあり、ぬいぐるみや雑貨などのアニマルグッズを販売している。
🕒 17:30〜24:00
休 無休

ウォーキングトレイルを散策
Walking Trail

ジャングルを歩いて動物を発見 マイペースでじっくり見学

20〜30分でまわれる4つのトレイルがある。歩いてまわれば、動物たちにより接近でき、自分のペースで見学できる。トラムでは見られない動物に会えるコースも。目当ての動物のいるコースを事前に調べておこう。

珍しい大型動物に出会える
イースト・ロッジ・トレイル
East Lodge Trail

マレートラや世界4大珍獣のボンゴ、ハイエナなど、大型の動物が多い。

バビルサ
Buru babirusa
湾曲した長い牙を持つイノシシの仲間。インドネシアに生息。

人気のネコ科動物たちが集まる
レオパード・トレイル
Leopard Trail

ヒョウ、ウンピョウ、ジャコウネコなどネコ科動物が暮らすコース。

ウンピョウ
Clouded Leopard
雲のような体の模様が特徴。森林の樹上に生息する。

ガラス越しに、貫禄満点のヒョウたちに接近

オーストラリアの小動物に会う
ワラビー・トレイル
Wallaby Trail

ワラビーやポッサムなど、オーストラリアの固有動物たちのエリア。

愛くるしい小型動物たちの世界
フィッシング・キャット・トレイル
Fishing Cat Trail

スナドリネコやカワウソ、ジャコウネコなどのかわいい小動物が多いコース。

マレートラ
Malayan tiger
マレーシアの固有種で、絶滅危惧種。大きな顔を持つ。

ワラビー
Wallaby
小型のカンガルー。尾が短めで、後ろ脚で跳躍しながら移動する。

スナドリネコ
Fishing cat
別名フィッシング・キャット。前足で上手に魚を捕らえる。

シンガポールでぜったいしたい10のコト

07 あまりに個性的！シンガポールが誇る4大動物園

BEST 10 THINGS TO DO IN SINGAPORE

Singapore Zoo

白い毛並みと青い目のホワイトタイガーは希少で、動物園の人気者

のびのび暮らす動物たち 希少な仲間にも出会える

シンガポール動物園

Singapore Zoo
シンガポール北部 MAP 付録P.2 C-2

熱帯雨林の広がる26haの園内に、約300種、2800頭以上の動物を飼育。檻や柵を設けずに水路や生垣、岩などで仕切り、動物の生態に合った環境を作っている。動物にやさしく、見学者は野生に近い姿を見られる。餌付け体験やアニマル・ショーも実施。

☎6269-3411 交P.50参照 所80 Mandai Lake Rd. 開8:30〜18:00(最終入園17:00) 休無休 www.mandai.com/en/singapore-zoo

↓自然に近い環境で暮らす動物たち

シンガポール動物園はここがスゴイ！
柵や檻がない
水路や岩などを使い、境目を認識させない作りで、ジャングルの中にいるような気分。
動物たちの自然な姿を観察
それぞれの特徴やクセなどを知り尽くし、自然の環境を再現。動物たちものびのび。
ふれあいのチャンスがたくさん
オランウータンとの写真撮影や、ゾウやキリンへの餌付けなど、動物が身近。

↑園内をまわるトラムを賢く利用しよう
←サルの仲間もたくさん

information
● **園内マップ** シンガポール動物園は敷地が広大。絶対に見たい動物やショーの場所などを確認してルートを決めてから行動しよう。
● **ショーとプログラム** 入園したら案内板にショーの時間が掲載されているのでチェック！いくつものプログラムが予定されているので時間配分に気をつけたい。
● **レストラン&ショップ** 園内には食事を取れる施設があるので、休み休み見学をしよう。また、かわいい動物モチーフのぬいぐるみなどを取り扱うショップでおみやげを探す時間も楽しい。
● **勝手なエサやりは厳禁** 餌付けはプログラムで体験できるが、ちゃんと動物用に用意されたもの。人間が食べるものを勝手に与えると、健康被害が出ることもあるのでNG。
● **手洗いを忘れずに** 人間の持っている病気と動物たちが持っている病気、それぞれをうつしあってしまわないように、ふれあいの前後には必ず手洗いをしっかり行おう。

ショーやプログラムに参加

Show & Program
動物園の仲間たちが繰り広げる楽しいショーやイベントに参加

園内各所で行われているイベントが大人気。動物たちの優れた能力や特徴を楽しく紹介してくれたり、間近でふれあえたりできる。事前に時間を確認して、見逃さないようにしよう。

力持ちで賢いゾウについて知ろう
| エレファント・プレゼンテーション
Elephant Presentation

ゾウの特徴や習性について、スタッフが紹介してくれるショー。ショーのあとに餌付け体験も実施。
開11:00
開催場所 エレファント・オブ・アジア

オランウータンたちは、人間を観察しながらフルーツの朝ごはん

オランウータンと一緒に朝食
| ジャングル・ブレックファスト
Jungle Breakfast

レストランで朝食を食べながら、窓辺に近づくオランウータンたちをじっくり見物。記念撮影も。
開9:00〜10:30
開催場所 アーメン・レストラン(有料)

07 FOUR MAJOR ZOO

シンガポール動物園

滞在時間の目安 3〜6時間

まわり方アドバイス

動物のショーや餌付けなどのプログラムに参加したい場合は、開園時間から入園するのがおすすめ。

9:00
ジャングル・ブレックファスト
オランウータンと朝食を楽しめる。開場に姿を現すのは9:30から。

↓

10:45
キリンのエサやり体験
大きなキリンに手から餌付け！

↓

11:30
エレファント・プレゼンテーション
ゾウの餌付け体験もできるショー。

↓

12:00
園内でランチ
レストランだけでなく軽食を食べられるスポットもある。

↓

13:00
園内散策＆おみやげ選び
時間が許すまで見たいエリアを重点的に散策。そのあとはショッピングを。

シンガポールでぜったいしたい10のコト

07 あまりに個性的！シンガポールが誇る4大動物園

動物たちの間近に迫る
Feeding Animals & Free Ranging

目の前まで近づいてくる動物と気軽にふれあってみよう

熱帯樹林と花々に囲まれた園内を歩いて目当ての動物に会いに行こう。園内は広いので、トラムを活用すると便利。サルなどの動物たちとふれあえるほか、シロサイやキリンの餌付け体験もできる。

オランウータン
Orangutan
東南アジアのみ生息する絶滅危惧種。マレー語で「森の人」。

キリン
Giraffe
5m前後と生物一の背の高さと長い舌を持つ。アフリカに生息。

マントヒヒ
Hamadryas baboon
アフリカ北東部に生息。オスはマントのようなたてがみを持つ。

案内板に書かれた餌付けの時間を見て計画を立てよう

RESTAURANT & SHOP

アーメン・レストラン
Ah Meng Restaurant
軽食やローカルフードが味わえる、広々としたレストラン。
営10:30〜16:00(土・日曜、祝日10:00〜16:30)
休無休

ギフト・ショップ
Gift Shop
入口にあるいちばん大きなおみやげ売り場。動物モチーフのグッズが多彩に揃う。
営9:00(土・日曜、祝日8:30)〜19:00 休無休

55

BEST 10 THINGS TO DO IN SINGAPORE

世界の淡水生物が大集合 パンダにも会える!

リバー・ワンダー
River Wonders

シンガポール北部　MAP 付録P2 C-2

川をテーマにした動物園。淡水生物だけでなく、岸辺で暮らす哺乳類や鳥類など、約200種6000以上を飼育。世界の8つの大河を再現した水槽展示のほか、アマゾン川でのリバークルーズ体験が楽しめる。人気者のジャイアント・パンダにも会える。

☎6269-3411　交P.50参照　所80 Mandai Lake Rd.　開10:00〜19:00(最終入園18:00)　休無休　HP www.mandai.com/en/river-wonders

ぽっちゃり体形でのんびり泳ぐマナティは見るだけで癒やされる

リバー・ワンダーはここがスゴイ！

世界最大級規模の淡水動物園
淡水に生息する生き物を集めた施設としては種類、数ともに世界最大級のレベル。

淡水の環境に棲むさまざまな動物
川に棲む生き物といえば魚やワニを想像するが、ビーバーやサル、鳥類など、多様な生き物が生息していることがわかる。

河川流域ごとに分けられた環境
アマゾン川やナイル川など、流域ごとに環境が整えられている。

information

● **川沿いの土地を利用した園内**　園内は大きな池を中心に3つのエリアに分けられている。エントランスから時計回りにリバーズ・オブ・ザ・ワールド、ジャイアント・パンダ・フォレスト、ワイルドアマゾニアという順路が設定されている。順路どおりにまわるのが効率的。

● **身長制限ありのアトラクション**　アマゾン・リバー・クエストは身長106cm未満の子どもは参加不可となっている。また135cm以下も保護者の同伴が必要。

● **チャイルド・スワップ制度**　上記の身長制限により参加できない子どもがいる場合、行列に並び直さず子守を交代しながら家族がアマゾン・リバー・クエストに参加できる。申し出が必要なので、近くのスタッフに相談しよう。

● **パンダがいる！**　河川流域の生き物だけと思いきや、ジャイアント・パンダまで観察することができる。パンダはとても繊細な動物なので、大声やフラッシュ撮影でびっくりさせないように。

大好きなパンダに会いたい！

パンダは万国共通の人気者
ジャイアント・パンダ・フォレスト
Giant Panda Forest

パンダの生息地を模したドームにジャイアント・パンダが暮らす。中国・四川省に暮らすレッサー・パンダや鳥類のキンケイも。

オスのカイカイとメスのジャアジャアが待ってます

世界の河川とその流域に棲む生き物たち

個性的な世界の淡水生物の世界
リバーズ・オブ・ザ・ワールド
Rivers of the World

メコン川、ナイル川、ガンジス川など、世界の7つの大河を模した水槽が点在。巨大魚が多くて迫力満点。

巨大な水槽に巨大な魚がゆうゆうと泳いでいて見応え十分

クルーズしながらジャングルの生物を発見

Cruise

ジャガーやサルたちの棲む森へ
アマゾン・リバー・クエスト
Amazon River Quest

動物たちが暮らすアマゾン川流域の森を15人乗りのボートで進む15分のクルーズ。要予約で身長106cm以上。

料 S$5　所要時間 15分　開催場所 ワイルドアマゾニア　開催時間 11:00〜18:00

水路を急降下するスプラッシュ体験もあって、スリルも満点！

07 FOUR MAJOR ZOO

アジア最大級の規模を誇る鳥たちの楽園

バード・パラダイス
Bird Paradise

シンガポール北部　MAP 付録P2 C-2

閉園したジェロン・バードパークを前身とし、2023年5月にオープン。園内は8エリアに分かれており、絶滅危惧種に指定された鳥を含む、400種、3500羽以上の鳥類が生息地に近い環境で展示されている。ショーやエサやり体験にも注目。

☎6269-3431　ノース・サウス線Khatibクハティブ駅からシャトルバスで15分　20 Mandai Lake Rd.　9:00～18:00（最終入場17:00）　なし　www.mandai.com/en/bird-paradise/

世界各地の鳥類が集まる

中南米の湿地帯を再現したクリムゾン湿地帯

バード・パラダイスはここがスゴイ！

● 約400種3500羽を展示
17haに及ぶ園内で世界各地の鳥を飼育。ラテンアメリカの湿地帯など、鳥が生息する環境も再現。

● 飛び交う鳥たちを観察
8カ所の放し飼いエリアでは、生き生きと飛び交う鳥たちを観察することができる。

information

● 時間がないときはバスを利用
園内は順路に沿って1周することができるが、時間が限られている場合は園内を走るシャトルを利用しよう。

● グルメやショップも充実
パーク内には多彩な飲食店が揃い、鳥をモチーフにしたおみやげを販売するショップも。

園内の注目エリアはココ!!

鳥が生息する湿地帯を再現
クリムゾン湿地帯
Hong Leong Foundation Crimson Wetland

高さ20mの滝を中心に湿地帯が広がるエリア。フラミンゴやショウジョウトキなど、カラフルな鳥たちが集まる。

遊歩道を進みながら鳥たちを観賞

30種類を超える中南米の鳥たち
アマゾンの宝石
Amazonian Jewls

中央アメリカと南アメリカの熱帯雨林をモチーフとしたエリア。樹木などの植栽もダイナミック。

日中は日陰に集まることが多いので枝の間などに注目

2フロアある巨大水槽で元気に動くペンギンが見られる

4種類のペンギンを展示
ペンギン・コーブ
Penguin Cove

3000㎡の巨大水槽でジェンツーペンギン、キタイワトビペンギンなどを展示。カフェ&ショップも併設。

神秘のニューギニア島内陸部
ミステリアス・パプア
Mysterious Papua

ヤシオウム、ヒクイドリなどニューギニア島に生息する鳥類が集まる。

熱帯雨林に生息する25種以上の鳥類が見られる

ショー&エサやりも開催！

鳥たちと間近でふれあう
バード・フィーディング
Bird Feeding

ハート・オブ・アフリカでは、ムクドリなどの鳥にエサやりをする体験が楽しめる。

S$8　開催時間 9:30、14:00

パフォーマンスに感動
世界の翼
Wings of the World

スカイ・アンフィシアターでは、鳥たちの生態や知能を実感できるショーを開催。

無料　開催時間 12:30、17:00

シンガポールでぜったいしたい10のコト

07 あまりに個性的！シンガポールが誇る4大動物園

57

BEST 10 THINGS TO DO IN SINGAPORE

英国植民地以前から生き続ける伝統文化

08 そもそも「プラナカン」ってなに！

グルメ 工芸品 街並み 人々

Peranakan

ユニークな生活文化を育んだ中国系などの移民の子孫たち。独創的で美しい住居やかわいい雑貨、繊細で華やかなビーズ刺繍、手の込んだプラナカン料理（ニョニャ料理ともいう）…アジアと西欧がミックスされた、ほかでは見られない文化にふれる。

パステルカラーが美しいショップハウスに感じる独特の文化

シンガポール航空のCAの制服"サロン・ケバヤ"はピエール・バルマンがプラナカンの伝統工芸をヒントにしてデザインされたものとして知られる。プラナカンは15世紀後半にマラッカ海峡周辺一帯に中国大陸から移り住んだ中国系移民の子孫で、マレー民族と融合しながら、中国文化に欧風の新しい文化を取り入れて独特の文化を生んだ（インド系やヨーロッパ系のプラナカンもいる）。その特徴は工芸品やチャーミングな雑貨、料理（ラクサがよく知られる）などにも見られるが、特に住居は個性的で、目にも鮮やかなパステルカラーの外観を持つ西洋スタイルの建築（ショップハウス様式）に漢字の額や看板などが掲げられたりして、ほかに類を見ない美しさを醸し出している。

◯ババ・ハウスでは、豪華な家具、調度品から豊かな生活の様子がよくわかる

プラナカンの文化にふれるスポット

優美なプラナカンの世界に浸りたいならコチラへ。
建物の内部を見学したり、生活を体験したりできる施設だ。

華麗な文化遺産を間近で感じる
インタン
The Intan
カトン MAP付録P.17 A-2

プラナカンの子孫であるオーナーが自宅を開放する形で開いた博物館。工芸品展示や子孫としての体験談などがあり貴重な時間が過ごせる。見学には事前予約が必要。

☎6440-1148 各線Paya Lebarパヤ・レバ駅から徒歩17分 所69 Joo Chiat Terrace 時7:00～22:00(事前予約制) 休無休 料ツアー料金S$64.20～ HP www.the-intan.com

装飾なども貴重なものばかり一見の価値あり

◯プラナカンサンダルの先端を飾るビーズ刺繍のコレクション

プラナカンの豊かな生活を知る
ババ・ハウス
Baba House
オートラム・パーク MAP付録P.4 B-3

シンガポール国立大学が管理するショップハウスで、20世紀初頭のプラナカンの生活の様子が再現されている。入館は予約制で、中国語・英語のガイドツアーか、土曜の自由見学に参加する。

☎6227-5731 各線Outram Parkオートラム・パーク駅から徒歩4分 所157 Neil Rd. 時英語ガイドツアー火～金曜10:00 自由見学土曜13:00、13:15、14:45、15:00※要予約 休日・月曜 料S$10 HP babahouse.nus.edu.sg

◯写真撮影は建物の外のみで、残念ながら内部は撮影禁止

◯海運で財を成したウィー・ビンの一族が20世紀初頭に購入し住居とした邸宅。豪華な調度品にうっとりする

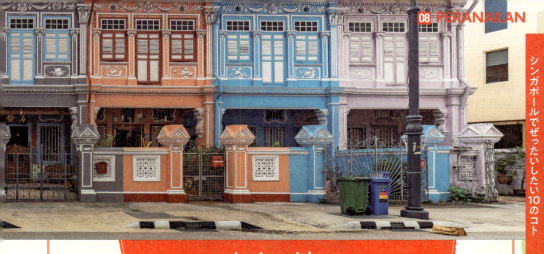

08 PERANAKAN

シンガポールでぜったいしたい10のコト

08 そもそも「プラナカン」ってなに！

おいしい、かわいい
プラナカン・アイテム

伝統的な菓子が揃う老舗店
キム・チュー・クエ・チャン
Kim Choo Kueh Chang

カトン MAP 付録P.17 B-3
地元住民が足繁く通う1945年創業のニョニャちまきの専門店。プラナカン雑貨や民族衣装も取り扱う。2階はプラナカン展示室。
☎6741-2125 ❖アイワンツー・カトン（→P.63）から徒歩15分
🏠109/111 East Coast Rd. ⏰9:00～21:00 休無休

↑オープンな店先にはお菓子がずらり

素朴でカラフルな伝統雑貨
ルマー・ビビ
Rumah Bebe

カトン MAP 付録P.17 B-3
自身もプラナカンであるというビビさんが作った手作りのビーズ刺繍作品やプラナカン雑貨を販売。特注品は日本に郵送も可能。奥の部屋ではビーズ刺繍教室も開催。
☎6247-8781 ❖アイワンツー・カトン（→P.63）から徒歩2分 🏠113 East Coast Rd. ⏰9:30～17:30 ※要予約 休月～水曜

↑建物は1928年築。入口のスライドドアやランタンがプラナカンの特徴

プラナカン伝統のニョニャ菓子も種類豊富！

S$3.20
▶プラナカンクエの詰め合わせ
バラエティ豊かなプラナカン菓子のお得なセット

▶ポット
アクセサリーやティーバッグ、砂糖入れにも使える
S$23

▶蒸しパン
カラフルな見た目が可愛らしい
S$3.20

▶カップ
縁が花びらの形になっていてかわいいカップ
S$25

▶シューズ
ビーズ刺繍を施したシューズ。トウやヒールによって値段が変わる

S$150～

色鮮やかなお菓子はどれも甘すぎずペロリと食べられる

59

BEST 10 THINGS TO DO IN SINGAPORE

古くから伝わるシンガポールのおかあさんの味
奥深いプラナカン料理に魅了される❸店

中国南部の料理にマレー料理が取り入れられた民族料理のひとつ。スローフードが多いことも特徴。西洋の影響も受けたプラナカンのごちそうを堪能しよう。

アヤム・ブア・クルアック
Ayam Buah Keluak
S$37 やわらかいチキンとビターチョコレートのような香りのナッツが入っている

ニョニャ・フィッシュ・ヘッド・カレー Nonya Fish Head Curry
S$42 魚のだしがよく出たカレー。インド風のカレーとは香辛料が異なる

プラナカン料理の家庭の味を
気取らずに楽しめる
ブルー・ジンジャー
The Blue Ginger Restaurant
チャイナタウン MAP付録P16 A-4
ショップハウスを改装した店内で、プラナカンの家庭料理を提供する1995年から続くレストラン。料理はコースやセットメニューはなく、すべてアラカルト。昼どきなどは混むので予約しておいたほうが無難。
☎6222-3928 交Mイースト・ウエスト線Tanjong Pagarタンジョンパガー駅から徒歩3分 所97 Tanjong Pagar Rd. 時12:00〜15:00(LO14:15)、18:30〜22:30(LO21:45) 休無休

⬆明るいメインダイニング。ほかに2・3階には個室もあり

⬆店内を飾るジンジャーの花の形をしたランプがかわいらしい

08 PERANAKAN

華やかなプラナカン文化を堪能できるリノベレストラン
トゥルー・ブルー
True Blue Cuisine
シティ MAP 付録P.12 B-3

素朴な家庭料理の野菜炒めからシェフの創作料理まで、さまざまなプラナカン料理を楽しめるレストラン。ショップハウスをリノベーションしており、豪華な家具などに往時の面影が感じられる。

☎6440-0449 ✈サークル線Bras Basahプラス・パヤー駅から徒歩5分 ⌂47/49 Armenian St. ⏰11:30〜14:30、17:30〜21:30 休無休

↑プラナカン博物館のそばにあり、一体となってプラナカン文化を体験できる。ショップも併設している

アヤム・ブア・クルアック
Ayam Buah Keluak
S$36
チキンがほろほろになるまでやわらかく煮込まれたプラナカンの伝統料理

ゴー・ヒアン
Ngoh Hiang
S$25
湯葉の中に鶏のひき肉やエビを細かく刻みスパイスで香り付けしたあんが入っている

おすすめはドライ・ラクサ！高級感ある店内で伝統料理を
バイオレット・オン
Violet Oon
チャンギ MAP 付録P.3 F-2

現在シンガポールで5店舗を展開する人気レストラン。注目はドライ・ラクサ。ローカルフードを新感覚パスタのようにアレンジ。ぜひ試してみたい上品なひと皿に仕上がっている。支店ごとにメニューが多少異なる。

☎9834-9935 ✈イースト・ウエスト線Changi Airportチャンギ・エアポート駅から徒歩5分 ⌂ジュエル(→P.138)1F ⏰12:00〜14:30LO、15:00〜16:00LO、18:00〜21:30LO 休無休

↑プラナカンタイルで美しくゴージャスに店内を装飾

ドライ・ラクサ Dry Laksa
S$29
ココナツスープを煮詰めてソースに。フォークを使って上品にいただく

クエ・パイ・ティ Kuay Pie Tee
S$19
サクサクなカップに、切り干し大根などジューシーな具材がマッチ。ひと口サイズの前菜

ビーフ・ルンダン Beef Rendang
S$28
東南アジアの牛肉の煮込み。スパイスが効いていて、米との相性は抜群

シンガポールでぜったいしたい10のコト

08 そもそも「プラナカン」ってなに！

61

BEST 10 THINGS TO DO IN SINGAPORE

ジョー・チャット・ロードとクーン・セン・ロードの交差点。建物の上方にある装飾も見逃さずに

映える！絵はがきのような景色を探しに
カラフルな家並みのカトン街さんぽ

プラナカン文化が色濃く残るカトン。なんとも愛らしいショップハウスや、色柄も美しいニョニャ・ウェア(食器)に盛られたプラナカン料理のレストランもこの地域に集中する。

ショップハウスの街並みやプラナカン料理を満喫する

カトン地区はプラナカンの本拠地ともいわれるエリアで、イースト・コースト・ロードを中心に雑貨店やグルメスポットが揃う。プラナカン建築のショップハウス(1階が店舗、2階が住居というスタイル)を堪能するならクーン・セン・ロードを歩くといい。ネオ・ゴシックやバロックの様式を取り入れた華やかな建築が並ぶ。マレー系雑貨のモール「ジョー・チャット・コンプレックス」やショッピングセンター「アイワンツー・カトン」も要チェック。

アクセス
中心部からMRTで行く場合は、MTRトムソン・イースト・コースト線Mrine Paradeマリン・パレード駅が起点となる。イースト・ウエスト線とサークル線のPaya Lebarパヤ・レバ駅からは徒歩20〜30分ほど。タクシーならアイワンツー・カトン(→P.63)を目印にすると伝わりやすい。

フォトジェニックな家々が連なる
1 クーン・セン・ロード
Koon Seng Road
MAP 付録P.17 B-2

パステルカラーの建物にタイルや彫刻などのプラナカン装飾が施されたショップハウスが立ち並ぶ、カトン地区を代表する通り。

🚇 アイワンツー・カトン(→P.63)から徒歩10分

ステンドグラスやタイルの柄などにも注目！

思い思いの色で彩られた家々のカラーパレットが美しい

08 PERANAKAN

プラナカン文化を伝承するギャラリー
2 カトン・アンティーク・ハウス
Katong Antique House
MAP 付録P.17 B-3

館長であるピーター・ウィー氏が親から受け継いだ築100年の建物の中には、格式高い調度品や博物館級の貴重な資料が数多く展示される。ただし開いていないときもあるので事前に電話で要確認。また予約時にリクエストすれば館内ツアーも行う。

☎6345-8544 ㊋アイワンツー・カトン(→P.63)から徒歩4分 ㊟208 East Coast Rd. ⓗ11:00〜16:30(事前予約が望ましい) ㊡不定休 ㊟無料

↑重厚な家具や古い写真などが歴史を物語る

↑プラナカンらしい色合いの小物やビーズ刺繍がここにも

↑2階建てのショップハウスを利用。さまざまな品が並ぶ

各地のプラナカンの街並みへ
カトン以外でもショップハウスは見つかる。足を延ばしてみよう。

ショッピングの合間に散策
エメラルド・ヒル
Emerald Hill
オーチャード・ロード **MAP** 付録P.7 E-3
オーチャード・ロードを1本北に入ると現れる、高級住宅街。多くは人が居住しているが、隠れ家風のカフェなどもある。
㊋ノース・サウス線Somersetサマセット駅からすぐ

↑ビジターセンターの角を曲がる

ショップハウスでナイトライフも
アン・シャン・ヒル
Ann Siang Hill
チャイナタウン **MAP** 付録P.16 B-2
チャイナタウンを抜け、サウス・ブリッジ・ロードを渡ったところにショップハウスが並ぶ。突き当たりにピーエス・カフェが。
㊋各線Chinatownチャイナタウン駅から徒歩5分

↑バーやカフェが点在する憩いの場

ローカルの生活を垣間見られる
3 ジョー・チャット・コンプレックス
Joo Chiat Complex
MAP 付録P.17 A-1

マレー系で賑わう地域密着型のショッピングモール。ひと昔前のレトロでどこか懐かしい感じが漂う。掘り出し物も見つかるかも!?

☎6746-9965 ㊋各線Paya Lebarパヤ・レバ駅から徒歩12分 ㊟1 Joo Chiat Rd. ⓗ9:00〜22:00(店舗により異なる) ㊡無休

↑マレー系の衣服のほか、カーテンや絨毯などもある

エリア散策の起点にも
4 アイワンツー・カトン
I12 Katong
MAP 付録P.17 B-3

雑貨やインテリアショップ、飲食店などが入るショッピングモール。散策の休憩にもピッタリ。

☎6306-3272 ㊋トムソン・イースト・コースト線Marina Paradeマリーナ・パレード駅から徒歩5分 ㊟112 East Coast Rd. ⓗ10:00〜22:00 ㊡無休

↓I want toをもじったユーモアあるロゴ

シンガポールでぜったいしたい10のコト

08 そもそも「プラナカン」ってなに!

BEST 10 THINGS TO DO IN SINGAPORE

アートの最先端へ飛び込もう!

09 体験型アートが大人気!
最新ミュージアムへ

Museum

デジタル技術が描く
不思議な世界

幻想的でフォトジェニックな世界に入り込めると日本で評判を呼んでいる、体験型のデジタルアートがシンガポールのミュージアムでも話題に。国の自然や歴史をテーマにしたシンガポールならではの作品にも出合える。

Space 宇宙

壮大で美しい宇宙空間を最新のデジタルアートによって表現。

幻想的な光の世界へ迷い込む
クリスタル・ユニバース
Crystal Universe

17万個のLEDライトを使った無数の光の世界はまさに宇宙空間。スマホの操作によって彗星や星雲が現れる。

Town 街

鑑賞者が仮想の街をつくり出していく。親子でも楽しめるエリア。

64 ©team.Labo ©Marina Bay Sands

09 MUSEUM

↑蓮の花をイメージした外観が目を引く。

デジタルの光や映像がつくり出す幻想的な世界を体感！

チームラボの最新デジタルアートを満喫
アートサイエンス・ミュージアム
ArtScience Museum
マリーナ MAP 付録P.15 E-2

先端科学とアートの融合がテーマのミュージアム。国際的な企画展を随時開催するほか、日本のチームラボとコラボした「フューチャー・ワールド」を常設展示。デジタルアートがつくり出す公園、宇宙、サンクチュアリ、街、自然の5つのゾーンが用意され、作品の中でさまざまな体験ができる。デジタルアート展の入場は1日8回限定。

☎6688-8868（マリーナベイ・サンズ）各線Bayfrontベイフロント駅から徒歩5分 所マリーナベイ・サンズ（→P.30）内 営10:00～19:00（最終入場18:00）、金・土曜は～21:00（最終入場20:15）休無休 料S$30～※展示により異なる

information
● **入場について** 混雑を避けるため、「フューチャー・ワールド」と「スタジオ・ジブリの世界」の入場は15分ごとの時間制限りある。事前にWebで購入しておくのがおすすめ。
● **順番について** 4つのゾーンは「シティ・イン・ア・ガーデン」「サンクチュアリ」「公園」「宇宙」の順でつながっている。
● **写真OK** 展示では写真撮影がOK（フラッシュ撮影、ビデオ撮影は禁止）だ。光輝く不思議な世界を、レンズを通して見つめてみよう。

鑑賞者の動きなどで画面上の花や蝶たちの様子も変わっていく

City in a Garden
庭のなかの都市

展示の最初に登場。デジタルによって生み出される自然へ誘う。

寄り添い離れる共生の姿
花と人、コントロールできないけれども、共に生きる
Universe of Water Particles, Transcending Boundaries Flowers and People, Cannot be Controlled but Live Together – Transcending Boundaries, A Whole Year per Hour
自然がテーマの6作品で構成。それぞれの作品と鑑賞者までもが境界をなくして一体化していく。

じっと立ち止まって、自分と作品との重なり合いを感じよう

Park
公園

さまざまな遊びを通して、色鮮やかなデジタル世界を楽しく体験

転がすとボールの色が変わっていく。頭上のボールもタッチして

ボールが奏でる音と光
光のボールでオーケストラ
Light Ball Orchestra
大きな球体に触れると、動きによって色と音が変化。ほかの参加者と一緒に特別なオーケストラを奏でよう。

生命の循環をダイナミックかつミステリアスに表現
Impermanent Life: 人が時空を生み、それぞれの時空が交差する場所には新たな時空が生まれる
Impermanent Life: People Create Space and Time, at the Confluence of their Spacetime New Space and Time is Born
桜の花の開花から散るまでの描写で生と死の循環を表現。鑑賞者の足元にできた円が放射状に広がり、映像に影響を与える。

シンガポールでぜったいしたい10のコト

09 体験型アートが大人気！最新ミュージアムへ

65

BEST 10 THINGS TO DO IN SINGAPORE

ロタンダ・ドーム
Rotunda Dome
建物を象徴する円形ドームの部屋は、旧裁判所の法律図書館だった。現在はアート関連の資料本を展示する。

東南アジアの芸術作品が大集結
ナショナル・ギャラリー・シンガポール
National Gallery Singapore

シティ MAP 付録P.12 C-4

東南アジアの現代アートを展示する美術館。かつての最高裁判所と市庁舎の2つの歴史建築を改築。所蔵約8000点、総面積6万4000㎡は世界有数の規模。2つの常設展示のほか、特別展も開催。最高裁法廷など、かつての面影も残され、建築と美術品の両方を楽しめる。レストランやバー、屋上デッキは無料で利用できる。

☎6271-7000 ⊗各線City Hallシティ・ホール駅から徒歩5分 ⋒1 St. Andrew's Rd. ⊕10:00〜19:00(最終入場18:30) ⊛無休 ⊞S$140 ⊠旧市庁舎側の屋上には展望スペースもある

information
● 建物も見どころいっぱい
法廷や拘置所といった旧裁判所らしい設備や、旧市庁舎側の巨大な会議場など、深い歴史を刻む建物はそれ自体が1つの展示品だ。

● ガイドツアーが豊富
普段は入れない旧最高裁判所の制限区域を見学するなど豊富なツアーでいっそう楽しめる。見どころを紹介する日本語ツアー(毎月第1・3木曜の13:30〜)も。

● アプリでもっと楽しむ
「ギャラリー・エクスプローラーアプリ」をダウンロードすれば、オーディオガイドがスマートフォンで聞ける。なんと日本語にも対応。

DBSシンガポール・ギャラリー
DBS Singapore Gallery
シンガポールの作家のほか、シンガポールゆかりの作品約400点を常設展示。国の歴史や生活風土を知ることができる。

RESTAURANT
ナショナル・キッチン・バイ・バイオレット・オン・シンガポール
National Kitchen By Violet Oon Singapore

料理研究家バイオレット・オンが手がけるプラナカン料理店。優雅な歴史建築と上質な料理が調和。
⊕12:00〜15:00、18:00〜22:30、金〜日曜、祝日15:00〜17:00

⤺ エレガントなメインホールのほか、ベランダでカクテルを楽しむのもおすすめ

MUSEUM SHOP
ABRYギャラリーストア
ABRY Gallery Store

作品をモチーフにしたオリジナル商品や地元作家のデザイン雑貨などが並ぶショップ。マリーナ側にあり、カフェも併設している。入館料不要。
⊕10:00〜19:00

⤺ ハイセンスでおしゃれなグッズが並ぶ。バッグや衣類なども

↑1939年建造の旧最高裁判所(左)と1929年建造の旧市庁舎(右)をつなげて1つの美術館に改装

66 ©National Gallery Singapore

ストーリー・オブ・ザ・フォレスト
Story of the Forest
シンガポールの動植物をテーマにしたチームラボのデジタル作品。ドーム型の部屋に、鑑賞者の動きで変化するさまざまな仕掛けが。

国の歴史・文化を多彩に紹介
シンガポール国立博物館
National Museum of Singapore
シティ MAP 付録P.12 B-3

1887年に設立した国内最古の博物館。多くの展示から、シンガポールの歴史や文化を知ることができる。設立当初に建築された旧館と新館の融合した建物も魅力的だ。2016年からは日本のデジタルアート制作集団、チームラボによるデジタル作品の常設展示が始まった。

☎6332-3659 交ダウンタウン線Bencoolenベンクーレン駅から徒歩4分 所93 Stamford Rd. 時10:00～19:00(第1土曜と第1・3木曜9:00～、最終入場18:30) 休無休 料S$10
※2024年12月現在、改修工事のためシンガポール歴史ギャラリーのみ入場可

←エントランスのドーム天井を飾るステンドグラスも必見

information
● 日本語ガイドツアー
シンガポール歴史ギャラリーで日本語のガイドツアー開催。
● 130年余りの歴史ある建物
1887年にラッフルズ図書館・博物館としてオープンしたのが始まり。コロニアル様式の荘厳な建築も必見。

シンガポール歴史ギャラリー
Singapore History Gallery
シンガポールの発展の歴史や文化について、映像や実物、写真などを使って紹介するメイン展示。時代やテーマごとに詳しく解説している。

モダン・コロニー・ギャラリー
Modern Colony Gallery
イギリスの植民地だった1920年代後半～1930年代にスポットを当て、西洋文化の影響を受けた当時のシンガポールの暮らしや歴史を紹介。

ボイス・オブ・シンガポール・ギャラリー
Voices of Singapore Gallery
1970～80年代に、シンガポールの人々がどのようなカルチャーを生み、発信したかを紹介。音楽やテレビ、演劇など芸術文化に関する展示品が並ぶ。

MUSEUM SHOP
ミュージアム・マーケット・バイABRY
Museum Market by ABRY
シンガポールならではのモチーフをあしらったかわいい雑貨やおしゃれなグッズ、書籍などが揃う。博物館のオリジナルグッズや地元アーティストの個性派グッズも豊富。
時10:00～19:30

↑花柄がおしゃれなトートバッグ S$79.90

←シンプルとカラフル、気分に合わせて選びたい帽子 S$69

シンガポールでぜったいしたい10のコト
体験型アートが大人気！最新ミュージアムへ

©National Museum of Singapore

BEST 10 THINGS TO DO IN SINGAPORE

一日中遊ぶ覚悟はできてる？

Sentosa Island

10 アクティビティ天国 セントーサ島でわんぱく放題

飛ぶ！泳ぐ！癒やされる！

街の中心部から気軽に行ける南国リゾートアイランド。大型テーマパークや個性的なアトラクション、カジノに、素敵なビーチも用意された遊びの島で、思いきり羽根をのばそう！

セントーサ島
Sentosa Island
MAP 付録P.4 A-3〜C-4

島全体がすっかり遊びの楽園 楽しみは多種多彩

シンガポール島と橋でつながっている、面積約4.71㎢の小さな島（東京ドーム約100個分）で、イギリスの植民地時代にはシロソ砦が設置され、第二次世界大戦時には日本軍に占領されたが、戦後イギリスから返還された。1970年代からリゾート地として開発が進められ、「ユニバーサル・スタジオ・シンガポール」や「リゾート・ワールド・セントーサ」、カジノ、ショッピングモール、巨大水族館などが楽しめ、南部には豊富なアクティビティが揃う3つのビーチも広がる。2018年には米朝首脳会議の舞台にもなった。

セントーサ島へのアクセス

アクセスの起点は MRTハーバーフロント駅

MRTに乗ってハーバーフロント駅へ行き、そこから乗り物や徒歩で島へ向かおう。

モノレールで行く

セントーサ・エクスプレス
Sentosa Express

ヴィヴォシティ3階のヴィヴォシティ駅とセントーサ島のビーチ駅を結ぶ。途中、リゾート・ワールド駅とインビア駅に停車する。
営 7:00〜12:00
料 S$4

ケーブルカーで行く

マウント・フェーバー・ライン
Mount Faber Line

マウント・フェーバー駅からハーバーフロント駅を経由して、セントーサ駅まで、約10分かけて海上を進む。眺望は抜群。
営 8:45〜22:00（最終便は21:30搭乗）
料 S$33

徒歩で行く

セントーサ・ボードウォーク
Sentosa Boardwalk

ヴィヴォシティとセントーサ島を結ぶ橋に設けられた遊歩道。全長は約550m。
営 24時間
料 無料

タクシーで行く

街の中心部から所要約15分。タクシー代と別途、入島料が必要。入島料は時間帯や曜日などによって金額が異なる。タクシー代の目安は入島料込でS$15〜20。行きがタクシーの場合、駅スタッフに申し出れば帰りのモノレールが無料に。

10 SENTOSA ISLAND

島のエンターテインメントが大集結

リゾート・ワールド・セントーサ
Resorts World Sentosa ▶P70

セントーサ島の北部に広大な敷地を持つ複合型リゾート。ユニバーサル・スタジオ・シンガポールをはじめ、水族館やカジノ、プールにグルメ＆ショッピングまで、お楽しみが盛りだくさん。

↑面積約49万㎡は東京ディズニーランドとほぼ同じ

シー・アクアリウム™ ▶P71

10万匹以上の海洋生物を飼育する大規模水族館。世界最大級の水槽「オーシャン・ビュー」やサメの泳ぐトンネル型水槽、クラゲの水槽など、多彩な展示方法で楽しめる。

ユニバーサル・スタジオ・シンガポール ▶P72

ハリウッド映画やアニメをテーマにした7つのゾーンで、アトラクションやショーを満喫。世界初やシンガポール独自のアトラクションが豊富だ。半日かけて楽しみたい。

アドベンチャー・コーヴ・ウォーターパーク™ ▶P74

スリル満点の6つのウォータースライダー、川下り気分を味わえる流れるプール、2万匹の魚と泳げるプールなど、南国ならではの仕掛けが満載のウォーターパーク。

島内の交通

セントーサ・バス Sentosa Bus

A・Bの2路線が島内を循環する無料バス。Aはシロソ・ポイント、RWSなど島の西側、Bはパラワン・ビーチなど東側を巡る。

ビーチ・トラム Beach Tram

島の南岸を走る無料のオープントップバス。シロソ・ポイント、シロソ・ビーチ、パラワン・ビーチ、タンジョン・ビーチなどをつなぐ。

セントーサ・ライン Sentosa Line

セントーサ・マーライオン近くのマーライオン駅とシロソ・ポイント駅を結ぶケーブルカー。島や海の眺望も楽しめる。往復S$17。

多彩な楽しみが揃う西側エリア

インビア＆シロソ・ポイント
Imbiah & Siloso Point ▶P76

島の西端に位置するシロソ・ポイントに、海底水族館や史跡のシロソ砦などがある。高台のインビアには高さ40mのスカイヘリックス・セントーサがあり、2つのエリアをケーブルカーが結ぶ。

↑高さ約36mの展望デッキ「シロソ砦スカイウォーク」

メガジップ ▶P76

メガ・アドベンチャー内にあり、ジャングルの丘からビーチまで、ワイヤーにぶら下がって滑空する。時速は60km。

シンガポールでぜったいしたい10のコト

10 アクティビティ天国 セントーサ島でわんぱく放題

BEST 10 THINGS TO DO IN SINGAPORE

メガリゾートの誇る一大テーマパーク
リゾート・ワールド・セントーサへGO!

Resorts World Sentosa
RWS

セントーサ島で思いっきり遊びたければ、
リゾート・ワールド・セントーサへ直行。
なかでも人気のテーマパークをチェック。

USSにプールに水族館、カジノ…
1日では遊び尽くせない充実ぶり

リゾート・ワールド・セントーサ
Resorts World Sentosa
MAP 付録P.19 D-2

↑入口でパンフレットをゲット
©iStock.com/sonatali

島の北部に広がるリゾート内には、東南アジア初のユニバーサル・スタジオやスライダーが充実のウォーターパーク、巨大水槽のある水族館やカジノなど、ワールドレベルの充実したテーマパークが揃っている。大人も子どもも満足間違いなし。

☎6577-8888 交セントーサ・エクスプレスResort Worldリゾート・ワールド駅からすぐ 住8 Sentosa Gateway 営施設により異なる 休無休 料施設により異なる

10万匹が泳ぐ海洋世界

シー・アクアリウム™
S.E.A. Aquarium™ ▶P71

最大の目玉は、世界最大規模の巨大水槽。サメを見上げるトンネル型の水槽やクラゲ水槽など、ほかにもユニークな展示で楽しませてくれる。

↑まるで海をのぞいているかのような巨大水槽に感激

↑2万匹の魚たちと一緒に泳げる巨大プールも

世界最大級の水槽は迫力の眺め!

ドルフィン・アイランド
アドベンチャー・コーヴ・ウォーターパーク
シー・アクアリウム
カジノ
ユニバーサル・スタジオ・シンガポール

大規模な拡張計画
RWS2.0がスタート!

2025年には、『怪盗グルーの月泥棒』や『ミニオンズ』の映画の世界が再現されるミニオンランド、任天堂のゲームをモチーフにしたアトラクションが楽しめるスーパー・ニンテンドー・ワールドがオープン予定。

南国ムード満点のプール

アドベンチャー・コーヴ・ウォーターパーク™
Adventure Cove Waterpark™ ▶P74

熱帯魚の泳ぐプール、ジャングルなど16のシーンを通る流れるプール、6つのウォータースライダーなど多彩。イルカとのふれあい体験も。

↑流れるプールは全長620m

マレーシアの名物グルメに舌鼓!

一番人気はやっぱりここ

ユニバーサル・スタジオ・シンガポール
Universal Studios Singapore ▶P72

ハリウッド、ロスト・ワールドなど、映画やアニメがテーマの7つのゾーンに分かれた園内で、21のアトラクションやショーを満喫。アトラクションのほとんどは日本未上陸。

↑面積は約20haでUSJの約半分とコンパクト

10 SENTOSA ISLAND

シンガポールでぜったいしたい10のコト

10 アクティビティ天国 セントーサ島でわんぱく放題

360度ビューの水中ワールドが広がる！

↑シー・アクアリウムとマリタイム・エクスペリエンシャル・ミュージアムの入口は共通

オーシャン・ドームでは、頭上をマンタが悠々と泳ぐことも

ユニークな水槽は必見！

滞在時間の目安
3時間

バラエティ豊富な水槽で飽きない
シー・アクアリウム™

S.E.A. Aquarium™

MAP 付録P.19 D-2

南シナ海からアラビア湾までの海域に棲む約800種、10万匹以上の海洋生物を展示する。世界最大規模の大水槽「オープン・オーシャン」では、迫力満点の海中世界をのぞける。ほかにもトンネル状の通路があるサメの水槽など楽しい水槽がいっぱい。

☎6577-8888(代表) 🚆セントーサ・エクスプレスResorts Worldリゾート・ワールド駅から徒歩5分 📍リゾート・ワールド・セントーサ 🕐10:00～19:00(時期により変更あり) 休無休 💰S$44、4～12歳S$33

まわり方アドバイス
水族館は建物の地下1階に入口がある。館内は広いので、入口でパンフレットをもらい、館内マップで目当ての水槽や魚を探して効率的にまわろう。飼育員さんのトークショーや魚のエサやり時間もチェックしておこう。

自分が海中世界にいるみたい
オープン・オーシャン
Open Ocean

幅36m、高さ8.3mのアクリルパネルを使用した巨大水槽。大きなマンタやサメ、ナポレオンフィッシュなどが泳ぐ水槽はスケール感満点で、海を眺めているよう。

色鮮やかなサンゴ礁の海
コーラル・ガーデン
Coral Garden

サンゴの暮らすアマンダン海を再現した円筒状の水槽。カラフルな熱帯魚が泳ぐ様子を360度の視点で観察できる。

←近くにヒトデなどがさわれるタッチプールも

←海の中にいるような感覚でサメに大接近

海の生き物を間近に感じる
シャーク・シー
Shark Seas

絶滅危惧種も含めた12種類200匹以上のサメが集まる水槽。トンネル状の通路も備えており迫力満点。

↑ライトアップされたクラゲが幻想的

←広い水槽を悠然と泳ぐマンタ(オニイトマキエイ)

ランチはここで!!
オーシャン・レストラン™
Ocean Restaurant™

水槽に面して作られたレストラン。壁一面の水槽を眺めながら食事ができる。オシャレな雰囲気のなか、シーフード料理などを味わえる。

🕐11:30～15:00、18:00～22:30 休無休

71

BEST 10 THINGS TO DO IN SINGAPORE

未体験のアトラクションに挑戦
ユニバーサル・スタジオ・シンガポール

Universal Studios Singapore

MAP 付録P.19 D-3

滞在時間の目安 4～5時間

ラグーンの周りに、映画やアニメの世界を体感できる7つのエリアが広がる。21のアトラクションのうち、20がオリジナルまたは世界初。敷地面積はUSJの半分くらいなので、半日あればめぼしいアトラクションやショーを満喫できる。

☎6577-8888(代表) ❖センチーサ・エクスプレスResorts Worldリゾート・ワールド駅から徒歩3分 ❖リゾート・ワールド・セントーサ 10:00～19:00(時期、曜日により変動。詳細は公式HPで) 無休 S$83、4～12歳S$62
www.rwsentosa.com/en/attractions/universal-studios-singapore

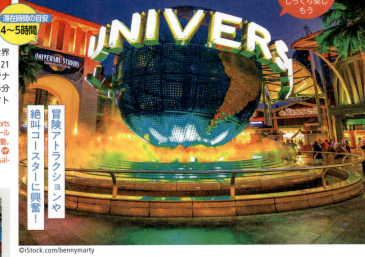
©iStock.com/bennymarty

歩いても1周20分くらいでまわれる広さ。じっくり楽しもう

冒険アトラクションや絶叫コースターに興奮！

information

● **待ち時間をチェック**
各アトラクションの近くにそれぞれの待ち時間を表示する掲示板がある。こまめにチェックして効率的に園内をまわろう。

● **ユニバーサル・エクスプレス** USJでも導入されている、対象アトラクションの待ち時間を短縮できるチケット。USSでは「ユニバーサル・エクスプレス」(対象アトラクションで1回ずつ使用可能)と「ユニバーサル・エクスプレス・アンリミテッド」(回数無制限で使用可能)の2種類、値段は3つのパターンがありそれぞれS$30～とS$50～(時期により変動あり、要確認)。

● **おみやげも大事** USSにはミニオン関連のグッズだけを集めた「ミニオンマート」というショップがある。Tシャツ(S$35)やぬいぐるみ(S$36.90)などキュートな品々はファン必見。

USSは7つのエリアに分かれる

ロスト・ワールド™
The Lost World™
映画『ジュラシック・パーク』と『ウォーターワールド』の世界。スリル満点の冒険アトラクションが集まっている。

古代エジプト
Ancient Egypt
ピラミッドやオベリスクが立つ古代エジプトの世界。映画『ハムナプトラ』がテーマの屋内コースターが人気。

※2025年オープン予定

Sci-Fiシティ™
Sci-Fi City™
近未来都市をイメージしたエリア。映画『トランスフォーマー』のライド型4Dアトラクションで、SFの世界を体感。

遠い遠い国
Far Far Away
映画『シュレック』がテーマのおとぎの国。中世風の街並みにシュレックの城が立ち、4Dアドベンチャーを楽しめる。

ミニオンランド
minion land
2025年オープン予定。新感覚のメリーゴーランドなど、映画の世界を体感できるアトラクションが揃う。

ハリウッド
Hollywood
実在する劇場を模しているレストラン＆ショップ街。スターの手形を刻む星形プレートもある。

ニューヨーク
New York
1960年代のニューヨークの街並みを再現したエリアで、ネオン瞬く華やかな雰囲気。セサミ・ストリートのステージ・ショーを行う。

10 SENTOSA ISLAND

大人も子どもも大満足!!
大人気アトラクション

★ ユニバーサル・エクスプレスが利用できるアトラクション

スリル満点の大人気ライド
トランスフォーマー・ザ・ライド
TRANSFORMERS The Ride ★
Sci-Fiシティ™

最新式の車両に乗り込んで、トランスフォーマーたちのバトルを間近で体験。高画質3D映像のアクションシーンが迫力満点。

身長制限 102cm未満不可。102～122cmの子供は保護者同伴

↑オートボットの「イーバック」に乗ってバトルの世界へ突入

リアルな恐竜にびっくり
ジュラシック・パーク・ラピッド・アドベンチャー™
Jurassic Park Rapids Adventure™ ★
ロスト・ワールド™

円形ボートに乗って、恐竜の棲むジャングルの激流を下る水上アトラクション。ラストには7mの大落下が待っている。

身長制限 107cm未満不可。107～122cmの子供は保護者同伴

↑濡れるのを覚悟。合羽があると便利

暗闇を走るインドア型コースター
リベンジ・オブ・ザ・マミー™
Revenge of the Mummy™ ★
古代エジプト

ピラミッド内を走るコースターに乗って、映画『ハムナプトラ』の世界を体感。ミイラや火の玉の攻撃を避けつつ暗闇を疾走。

身長制限 122cm未満不可

↑暗闇を時速72kmで駆け抜けるスリルを味わおう

ランチはここで!!

オアシス・スパイス・カフェ™
Oasis Spice Café™
古代エジプト

エジプトをイメージした内装。カレーやビリヤニなど伝統的なインド料理をメインに提供。

ディスカバリー・フード・コート™
Discovery Food Court™
ロスト・ワールド™

ローストチキン・ライスなど、シンガポールのローカルフードが気軽に味わえる。

↑よりスリルを求めるならぶら下がり型!

絶叫系好きなら外せない
バトルスター・ギャラクティカ・ヒューマンvs.サイロン™
Battlestar Galactica:HUMAN vs. CYLON™ ★
Sci-Fiシティ™

着席型とぶら下がり型の2つのコースターが同時にスタートし、複雑に絡み合いながら疾走。最高時速は90kmに達する。

身長制限 125cm未満不可

シンガポールでぜったいしたい10のコト

10 アクティビティ天国　セントーサ島でわんぱく放題

73

BEST 10 THINGS TO DO IN SINGAPORE

東南アジア初登場！磁力で上って降りるスライダーもある

スリル大好き派ものんびり派も大満足

滞在時間の目安 3時間

遊び方が豊富な水の遊園地
アドベンチャー・コーヴ・ウォーターパーク™
Adventure Cove Waterpark™

MAP 付録P.18 C-2

6つのウォータースライダーに挑戦したり、熱帯魚の泳ぐ人工リーフでシュノーケリングしたり、子どもプールで遊んだりと、多彩な水のアクティビティを楽しめる。ジャングルや洞窟などのシーンが用意された流れるプールも人気。

☎6577-8888(代表) 交セントーサ・エクスプレスResorts Worldリゾート・ワールド駅から徒歩7分 所リゾート・ワールド・セントーサ 時10:00～18:00 休無休 料S$40、4～12歳S$32

information
● **新感覚スライダーも** 園内には右に紹介したものと合わせて6種のスライダーがある。磁石の力で斜面を上り急降下する「リップタイド・ロケット」はもはやコースター気分だ。
● **ロッカーを賢く利用** 施設内には鍵付きロッカーが用意されており、有料だが終日何度でも開閉自由。サイズによって値段が変わるので、荷物に合うものをチョイス。
● **タオルは持参がベター** 施設にタオル類の貸し出しなどのサービスはなく、園内の売店で販売しているのみ。事前に本島内のSCなどで安価なものを購入してから行くなどの工夫をしたい。

多彩なアトラクション&体験
多彩なスライダーなどが待ち受ける、ウォーターアクティビティの宝庫へいざ。

水しぶきを上げて白熱のレース

デュエリング・レーサー
Dueling Racer

マットに乗って急勾配のコースを滑る。隣のコースと勝負だ！
身長制限 身長107cm未満の子供不可、122cm未満は保護者同伴

パイプライン・プランジ
Pipeline Plunge

このスピード感は真夏のボブスレー

ターンや急降下が待ち受けるコースをゴムボートで駆け抜ける。
身長制限 身長122cm未満不可
※体重はシングルライダー115kg、ダブルライダー180kgまで

レインボー・リーフ
Rainbow Reef

サンゴや魚たちの美しさに圧倒

2万匹の魚たちが泳ぐサンゴ礁のプールでシュノーケリングができる。道具は無料で貸し出される。
身長制限 身長107cm未満の子供不可、122cm未満は保護者同伴

レイ・ベイ
Ray Bay

水の生き物と友だちになろう

海洋生物たちとふれあい体験ができる。時13:00～17:00 休無休 料S$56

10 SENTOSA ISLAND

大人の遊びにチャレンジ
カジノ
Casino

MAP 付録P.18 C-2

シンガポール政府公認のカジノ。多彩なテーブルゲームが繰り広げられ、多くのマシンが並ぶ光景はとってもゴージャス。外国人観光客は入場無料なので、見ているだけでもOK。あるいは、初心者向けのゲームにチャレンジしてみては。

◆カジノ内は写真・ビデオの撮影が禁止なので注意
☎6577-8000 ㊋セントーサ・エクスプレスResorts Worldリゾート・ワールド駅から徒歩5分 所リゾート・ワールド・セントーサ 営24時間 休無休 料入場無料
※21歳未満は入場不可、要パスポート

⬆ドレスコードはスマートカジュアル。ショートパンツやサンダル、キャップは避けよう

初心者におすすめのゲーム

● **スロット**　回転する絵柄が横一列などに揃えば当たり。現金を投入したら、1列当たりの掛け金や賭けるライン数などを設定し、SPIN(回転)ボタンを押す。

● **ルーレット**　回転盤のボールがどの数字に止まるかを予想する。数字だけでなく、赤か黒か、奇数か偶数などの賭け方で配当が異なる。

● **シックボー（大小）**　中国の伝統的なゲーム。3つのサイコロを振り、目の合計が大（11〜17）か小（4〜10）か、あるいは目の数字を当てる。

ここにも立ち寄りたい!!
ドルフィン・アイランド
Dolphin Island

MAP 付録P.18 C-2

イルカと一緒にプールで泳いだり、イルカにタッチしたりと、イルカとのふれあい体験プログラムに参加できる。要予約。
営10:00〜18:00
料ドルフィン・ディスカバリーS$144、ドルフィン・アドベンチャーS$188、ドルフィン・オブザーバーS$61

➡イルカの生態を学び、イルカと仲良くなろう

ランチはここで!!
ベイ・レストラン
The Bay Restaurant

巨大パスタやチキン丼、ピザなど、ボリューム満点の料理が味わえる。思いっきり遊んだらここで腹ごしらえを。
営10:00〜17:00 休無休

リゾート・ワールド・セントーサ
RWSで、おいしいカジュアルグルメ

ついつい財布の紐がゆるんでしまうRWS。おいしい本場の料理を手軽に味わえる、コスパの高いお店を紹介。

本格派の料理を屋台街で満喫
マレーシアン・フード・ストリート
Malaysian Food Street

MAP 付録P.19 D-2

マレーシアのレトロな街並みを再現したフードコート。プラナカン様式の建物が並ぶ屋台街に、現地の人気店が集結。本格的なマレーシア料理を気軽に味わえ、軽食から高級料理、デザートまで揃う。☎8798-9530 ㊋セントーサ・エクスプレスResorts Worldリゾート・ワールド駅から徒歩5分 所リゾート・ワールド・セントーサ ウォーターフロント1F 営8:30〜20:30(LO20:00) 休無休

⬆定番グルメのホッケンミーやエッグタルトなど種類豊富

➡一歩足を踏み入れるとタイムスリップしたかのような光景が広がる

シンガポールでぜったいしたい10のコト
10 アクティビティ天国　セントーサ島でわんぱく放題

75

BEST 10 THINGS TO DO IN SINGAPORE

ここでしかできない体験、揃ってます
インビア&シロソ・ポイントのアトラクション！

Sentosa Island

シンガポールを代表するリゾートのセントーサ島には楽しめるアトラクションが盛りだくさん。真っ白な砂浜で、緑のなかで、一日中遊び尽くそう！

ターザン気分で空を切る
メガジップ
MegaZip
MAP 付録P.18 B-2

メガ・アドベンチャー内のアトラクション。ビーチの上空に張られたワイヤーを伝い、時速60kmのスピードで滑空。大空を飛ぶ鳥になったような、抜群の爽快感を味わえる。

☎3163-6352 交ケーブルカーセントーサ線Imbiahインビア・ルックアウト駅から徒歩10分 所10A Siloso Beach Walk 営11:00～18:30 休無休 料S$66(身長90cm未満不可、90cm以上で体重30kg未満の子供は保護者とタンデム可、体重30～140kgのみ可)

所要時間 30分

↓体ひとつで風を切るのは解放感いっぱい！

高所恐怖症でもできるスカイダイビング
アイフライ・シンガポール
iFly Singapore
MAP 付録P.18 C-3

下から吹き上げる高速の風に乗り、室内にいながらスカイダイビング体験ができる。

☎6571-0000 交セントーサ・エクスプレスBeachビーチ駅からすぐ 所43 Siloso Beach Walk #01-01 営9:00(水曜11:00)～22:00※最終飛行は21:30 休無休 料1回S$109、2回セットS$139(7歳未満の子供、身長180cm未満の場合は体重120kg・180cm以上の場合は140kg以上の人は不可)

所要時間 1時間30分

↓講習を受けたあとにインストラクターと一緒に飛ぶので安心

自然のなかを走り抜ける
スカイライン・リュージュ
Skyline Luge
MAP 付録P.18 C-3

カートのような乗り物、リュージュを操縦して全長約600mのコースを駆け下りる。体感スピードは意外に速くスリリング。夜はライトアップされ、レースゲームのような気分に。

☎6274-0472 交セントーサ・エクスプレスBeachビーチ駅からすぐ 所45 Siloso Beach Walk 営10:00～19:30(金・土曜ナイト・リュージュ19:00～21:00) 休無休 料リュージュ2回S$28～(リュージュは身長110cm以下または6歳未満、スカイラインは身長85～135cmの子供は保護者と同乗)

所要時間 15分

↓途中で4つのコースに分かれる。2周、3周してみよう

←リュージュのスタート地点までスカイライドで空中散歩

10 SENTOSA ISLAND

ダイナミックな光の祭典に心打たれて
夜空を照らす水上ナイトショー

一日たっぷり遊んだあとは、海を舞台に展開されるエネルギッシュな催し物に大興奮。とことん楽しむ大人たちのセントーサの夜は、まだまだこれから。

煌びやかな光が織りなす
ウィングス・オブ・タイム
Wings of Time
MAP 付録P.18 C-3

最新のプロジェクションマッピングやレーザー光線と噴水、花火などを組み合わせた壮大なナイトショー。不思議な鳥と少年少女が時空を超える旅に出るストーリーになっている。

☎6361-0088 ❖セントーサ・エクスプレスBeachビーチ駅からすぐ 所Beach Station 開19:40〜、20:40〜 休無休 料プレミアムシートS$35、スタンダードシートS$21.60
HP http://www.wingsoftime.com.sg

所要時間 30分

プレミアムシートは見やすい角度の特等席

↑まばゆい光と迫力ある映像が眼の前で繰り広げられるさまは圧巻

青空と鮮やかなコントラストを描く
白砂のビーチで遊びたい！

最新のアトラクションも魅力だが、自然の豊かなこの島には青い海と美しい砂浜も揃う。照りつける太陽の下で水遊びに興じたり、ビーチクラブでくつろいだり、リゾートトリップを満喫しよう。

アクティブに過ごすなら
シロソ・ビーチ
Siloso Beach
MAP 付録P.18 B-3

周辺に飲食店やメガ・アドベンチャー、ウェーブ・ハウスなどのアクティビティが充実し、思い思いの過ごし方ができる。

❖セントーサ・エクスプレスBeachビーチ駅から徒歩8分 所Siloso Beach
↑白い砂浜で汗を流すのも気持ちいい

子どもも楽しめるビーチ
パラワン・ビーチ
Palawan Beach
MAP 付録P.19 D-4

キッザニアや「アニマル＆バード・エンカウンターズ」などが近く、家族連れで賑わうビーチ。「アジア大陸最南端の地」と吊り橋でつながっているのでそちらもぜひ。

❖セントーサ・エクスプレスBeachビーチ駅から徒歩4分 所Palawan Beach
↑セントーサ中心部からのアクセスも良い

南国リゾート気分が味わえる
タンジョン・ビーチ
Tanjong Beach
MAP 付録P.4 B-4

セントーサ島の南端に位置し、のんびりとした雰囲気が漂う。プールの付いたレストランバーの「タンジョン・ビーチ・クラブ」は2025年リニューアル予定。

❖セントーサ・エクスプレスBeachビーチ駅からビーチトラムで10分 所Tanjong Beach

↑おしゃれなタンジョン・ビーチ・クラブでグラス片手にチルアウト

シンガポールでぜったいしたい10のコト

10 アクティビティ天国 セントーサ島でわんぱく放題

77

BEST 10 THINGS TO DO IN SINGAPORE

奇想天外な光景が待つ
話題の**写真映え**スポットへ

絶景が待つ旅の新名所から、ディープなB級スポットまでご紹介。

地上36m、ビルの12階にも相当する高さからは眺望抜群！

橋から撮るのも橋を撮るのもおすすめ

橋が波打つ不思議な眺め
ヘンダーソン・ウェーブ
Henderson Waves
セントーサ島周辺 **MAP** 付録P.4 A-3

広大な緑のなかに位置する、シンガポールで最も高い歩道橋。その名のとおり、うねる波を表現した独特の形状が特徴。全長は274mに及び、途中には休憩スポットも点在。3つの公園をつなぎ、憩いの散歩道ではさまざまな動植物にも出会える。

☎1800-471-7300(国立公園局) 交Ⓜサークル線Telok Blangahテロック・ブランガー駅から徒歩20分 所Henderson Rd. 開休料見学自由

夜7時からはライトアップされる。絶好の撮影タイミングだ

想像を超えた奇妙な世界を探検
ハウ・パー・ヴィラ
Haw Par Villa
シンガポール西部 **MAP** 付録P.2 C-3

タイガーバームで財を成した兄(胡文虎)が弟(胡文豹)のために、1937年に開園したテーマパーク。8.5haの園内には、中国の歴史や伝説を再現した人形やジオラマが展示されている。

☎6773-0103 交Ⓜサークル線Haw Par Villaハウ・パー・ヴィラ駅からすぐ 所262 Pasir Panjang Rd. 開10:00~18:00(最終入場17:00) 休月曜 料地獄博物館S$20、ガイド付公園ツアーS$10、ナイトツアーS$40

シュールでカオスな世界観は、ぜひとも写真に収めたい！

線路の上に立って写真も撮れる

廃駅でノスタルジーに浸る
旧ブキ・ティマ駅
Old Bukit Timah Railway Station
ブキ・ティマ **MAP** 付録P.2 C-3

1932年に赤レンガで建てられた小さな駅舎は2011年までマレー鉄道のブキ・ティマ駅として使用されていた。廃駅となった今も、鉄橋と駅舎、そして線路の一部がそのまま残されている。

☎1800-471-7300(国立公園局) 交Ⓜダウンタウン線King Albert Parkキング・アルバート・パーク駅から徒歩5分 所1 Bukit Timah Railway Station 開休料見学自由

おすすめは園内東端の地獄ゾーン。地獄の10世界が広がる

都会の喧騒のなかで時が止まったような瞬間を楽しめる

西遊記などの像のほか、擬人化した動物なども所狭しと並ぶ

YOUR UNFORGETTABLE LUNCH AND DINNER

グルメ

各地の食文化が融合した多彩な美食

Contents

- 名物 チキンライス 7店 ▶P82
- 最高の贅沢！旨い チリクラブ 3店 ▶P86
- 絶品味で行列の ヌードル 6店 ▶P88
- 大迫力！ フィッシュヘッドカレー 4店 ▶P90
- ディープな ローカルフード 6店 ▶P92
- 必食！看板料理の ローカル食堂 4店 ▶P94
- 駐在員も太鼓判の ハイクラスレストラン 3店 ▶P96
- お茶も料理も文句なし アフタヌーンティー&ハイティー 2店 ▶P98
- ゆったり時間が流れる コピティアム 4店 ▶P100
- おしゃれ最新 カフェ 5店 ▶P102
- レトロな心地の 中国茶館 3店 ▶P104
- 独特の ローカル・スイーツ 21種 ▶P106
- 今、巷で人気！進化系の スイーツショップ 4店 ▶P108
- 夜景に見とれたい 展望バー&レストラン 4店 ▶P110
- タイプ別におすすめ！ 個性あふれる バー 5店 ▶P112

GOURMET

シンガポールの食事で気をつけよう 食べたいものを食べる!

高級レストランからホーカーズまで、自分のペースで食べたいメニューとシチュエーションが自在に選べるのがグルメ大国シンガポール。自由なグルメが楽しめる街だ。

出かける前に

どんな店を選ぶ?

屋台「ホーカー」の人気屋台職人が作るおいしいローカルフードから多国籍料理に、受賞歴を持つ地元シェフたちの創作料理、日本の料理店からラーメン店まで、食べるべき名物料理がたくさん。異なるセッティングと異なる雰囲気、中華、マレー、インド、ニョニャなど、伝統の味か新しい味かお好みのままに選べる。

高級レストラン / Fine Dining P96
ドレスコードがあり予約も必要だが、一流の味、雰囲気、サービスを提供。

ローカル食堂 / Local Restaurant P94
基本3食外食という地元の人がリピートする、気軽でアットホームな食事処。

ホーカーズ / Hawkers P46
政府が衛生面を考えて作った屋台街。市民の台所で旅行者も庶民の味を満喫。

アフタヌーンティー / Afternoon Tea P98
高級ホテルでは伝統的な英国スタイルからビュッフェ形式までさまざまに用意。

スイーツカフェ / Sweets Cafe P106
南国らしい冷たくて甘いスイーツで、女子にうれしいメニューがいっぱい。

バー / Bar P110
アルコールは日本に比べ高額だが、夜景ともに楽しめるハイセンスな店が多い。

予約は必要?

ホテル内の高級レストランや街なかの人気レストランはできるだけ予約しておきたい。店によってはHPの予約フォームなどで日本語で予約することもできる。現地ホテルでも予約可能。

グルヤク
www.guruyaku.jp

今夜7時に2名で予約したいのですが。
I'd like to reserve a table for two at seven tonight.
アイドゥ ライク トゥ リザーヴ ア テイボー フォア トゥー アット セヴン トゥナイト

何時なら席が取れますか?
What time can we reserve a table?
ホワット タイム キャン ウィ リザーヴ ア テイボー

ドレスコードは?

高級レストランなどでのドレスコードは「スマートカジュアル」。短パン、ノースリーブ、ビーチサンダルなどでなければ問題はない。

お酒を飲むならハッピーアワーで

2015年に施行された法律で、バー・ラウンジを除き、平日午後10時30分以降、休日は午後8時から午前7時まで公共の場での飲酒・販売禁止。アルコールは日本に比べて高額なこともあり、お酒を楽しみたい人は、店によって異なるが16〜18時ごろの割引になるハッピーアワーを狙って。

入店から会計まで

入店して席に着く

高級レストランでは基本的に日本と同じで、係の人が席まで案内してくれる。ホーカーズなどは座席自由。席取りはポケットティッシュなど置いて確保。鞄を置くのはNG。

注文する

メニューは日本語表記のある店も多い。ホーカーズでは食べたい店のメニューを決めて、日本語、英語が通じなくてもメニューを指せばオーダーできる。

注文をお願いします。
May I Order?
メイ アイ オーダー

日本語のメニューはありますか?
Do you have a menu in Japanese?
ドゥ ユー ハヴァ メニュー イン ジャパニーズ

会計する

レストランではクレジットカードが一般的だが、カードの種類によるので念のため現金も用意しておいたほうがよい。一方、ホーカーズでは電子決済も導入されているが、クレジットカードは使えず、現金払いが多い。料理と引き換えか料理が運ばれた席で支払う。

会計をお願いします。
Check, please.
チェック プリーズ

このクレジットカードは使えますか。
Do you accept this credit card?
ドゥ ユー アクセプト ディス クレディッカード

お店に行ってから

チップは必要？
料金に10％のサービス料が含まれているため、基本的にホテル、レストランでのチップは不要。感謝の気持ちを伝えたいなら料金の端数を切り上げたり、おつりを受け取らない形で渡すとよい。

おしぼりやつきだしは有料
中華系のレストランでは、お箸やお皿と一緒にテーブルに用意されているおしぼり（個包装のウェットティッシュ）やつきだしのような小皿料理は、サービスではなく有料となる。

メニューに記載されている料金に注意
料金に「＋＋」とプラスマークが2つ付いている場合は、表示された金額に、7％の消費税（GST）と10％のサービス料（Service Charge）の2つが別途プラスされるという意味。ホーカーズなどのセルフサービスの店ではサービス料はかからない。必ずレシートをもらって明細を確認したい。

知っておきたいテーブルマナー

日本と違うのは食器を持ち上げて食べないこと。食器に直接口を付けるのもタブーで、音を立てて麺やスープをすするのは厳禁。中華系では年長者を敬い、欧米系にレディファーストを心がけて。

たばこは吸っていい？
レストランやバーでも喫煙コーナー以外は全面禁煙。喫煙は街なかにある喫煙可能のマークが表示してあるエリアで。違反すると最高S$1000の罰金。

民族や文化、宗教などによる食べ方の違い
イスラム教徒はアルコールと豚肉が禁止。そのためハラル認定（イスラム法に則って加工や調理された食べ物）専用のレストランがある。食器も共有できないため、ホーカーズの食器片付け場所ではハラルとノンハラルで分かれていることも。ヒンドゥー教徒のためのベジタリアン・レストランも多い。左手が不浄の手とされているため、取り分けてあげる際は右手のみを使うように注意したい。

メニューの読み方

中国系、インド系なども、メニューには英語が併記されている。他民族国家ならではの、さまざまな食習慣にも注意しておきたい。

調理方法から読み解く
boiled（ボイルド）…茹でた、煮た
broiled（ブロイルド）…焼いた
fried（フライド）…揚げた、炒めた
mixed（ミックスト）…混ぜた
roast（ロースト）…あぶった
steamed（スティームド）…蒸した

味付けから読み解く
hot（ホット）／
spicy（スパイシー）…辛い
sour（サワー）…酸っぱい
salty（ソルティ）…しょっぱい
pepper（ペッパー）…胡椒
soy sauce（ソイ・ソース）…醤油
vinegar（ヴィネガー）…酢

特別なメニュー
veg（ヴェジ）…菜食主義用の肉類が入っていない料理
halal（ハラル）…ハラル認定の料理
dry（ドライ）…スープなしの麺など

料理の種類を知る

多民族国家のシンガポールでは、移民とともに中国やマレーシア、インドをルーツとする食文化が入り交じり、独自のご当地グルメとして進化している。

中国料理
チキンライス、バクテー、チリクラブなど、シンガポールの国民的メニューはもともとは中国各地由来の料理が多い。どの料理もガッツリ食べ応え抜群。

マレーシア料理
多民族国家マレーシアもさまざまなスタイルの料理がある。サテー、ミーゴレン、ナシゴレンなどココナツやスパイスを使ったスパイシーな料理が特徴。

ニョニャ料理
中華系の食材とマレー系のスパイスを使う料理。スパイシーなココナツミルクのスープに麺、シーフードが入ったラクサが有名。じんわりくる辛さが特徴。

インド料理
シンガポールでは、インパクトも食べ応えもあるフィッシュヘッドカレーが代表格。カレースープで酸味もあって食べやすく、暑さを吹き飛ばす奥深い味。

パダン料理
インドネシアのスマトラ州の料理。肉、シーフード、野菜を使った煮込み料理でココナツや唐辛子、スパイスが絶妙に絡み合う。白いご飯がすすむ味。

西洋料理
フレンチ、イタリアンなどさまざまな賞に輝いたシェフが陣頭指揮をとるレストランも増加。正統派から地元融合まで興味深いメニューは注目の的。

GOURMET

一度は食べたい郷土料理!
名物チキンライス **7** 店

国民食ともいわれるシンガポール名物! 超有名店が出す看板メニューから高級ホテルの極上の逸品、こだわりのカンポンチキンまで、絶対に外せないチキンライスの名店。

→国内に全7店舗を展開

美味白切鶏
Signature Boiled Chicken
なめらかできめ細かいチキンはオーダー必須。全部位が少しずつ楽しめるハーフがオススメ
S$23.15～

S$12.85

→薄い衣をつけて揚げた濃厚な豆腐の脆皮豆腐。マヨネーズをつけて

品質&コスパ優秀で人気
文東記
Boon Tong Kee　ブーン・トン・キー
カトン MAP付録P.17 B-3

1979年に屋台からスタートした有名店。チキンライス激戦区のシンガポールで、幅広い層に不動の人気を誇る。看板料理のチキンはやわらかでみずみずしく、日本人にも好評。ライスS$1.55は別売りなので必ず注文を。チキン以外のメニューも豊富で海鮮はもちろん野菜も多い。テイクアウトも可能。

☎6299-9800 ✉アイワンツー・カトン(→P.63)から徒歩4分 所199 East Coast Rd. 営11:00～15:00(LO14:45)、17:00～24:00(LO23:00) 土曜、祝日11:00～24:00(LO23:00)、日曜11:00～23:00(LO22:15) 休無休

→清潔で明るい店内は空調も完備。

知っておきたいチキンライスのこと!

ローカルの間でも食べ方はいろいろ。まずは基本を学んだら、あなただけの組み合わせを追求して。

1 タレは3種類
左から甘辛で濃厚なダークソヤ、さっぱりとしたジンジャー、ピリ辛のチリ。どれも相性抜群のソースだ。

2 ジャスミンライス
鶏のスープで炊き上げたライスと通常の白飯を選べることがある。聞かれたら「ジャスミンライス」と答えよう。

3 ライスにもタレを
あっさりとした味わいのライスにも濃い味のダークソヤソースをかけるのが現地流。味の変化を楽しみたい。

4 スチームorロースト?
プリプリでジューシーな「スチーム」と香ばしく焼き上げた「ロースト」、どちらも甲乙つけがたい絶品だ。

マンダリン・チキンライス
Mandarin Chicken Rice
やわらかくジューシーな蒸し鶏を3種類のソースでいただく。スープやジャスミンライスも好評
S$25〜

↓1971年の登場から、ずっと愛されている

お店自慢のチキンライスをぜひ食べに来て

上品なチキンライスに舌つづみ
チャターボックス
Chatterbox
オーチャード・ロード MAP 付録P.7 D-3

5ツ星ホテルのヒルトン・オーチャード内にあるレストラン。厳選された鶏を毎朝仕入れて作る看板メニューのチキンライスは「ベスト・チキンライス賞」を受賞したことも。ほかにもラクサなどのローカルグルメも充実している。
☎6831-6291 ㊇ノース・サウス線Somersetサマセット駅から徒歩5分 ㊑333 Orchard Rd., Hilton Singapore Orchard ◷11:30〜16:30(LO15:45)、17:30〜22:30(LO21:45)、金〜日曜、祝日は〜23:00(LO22:00) ㊡無休

S$17

↑屋台で親しまれている串焼き料理のサテー

S$38

↑シンガポールの名物料理ラクサにロブスターが

↑マレーの家庭料理を提供。地味ながら、地元客からの信頼が厚い

→路上席もあるが、冷房完備の店内がおすすめ

安心安全の平飼いチキンを使用
ファイブ・スター・レストラン
Five Star Restaurant
カトン MAP 付録P.17 B-3

抗生物質を使わず、放し飼いで育てた昔ながらのカンポンチキンが人気。カンポンとは、マレー語で農村の意味。小ぶりながら肉質はしっとりやわらかく、特にドラムスティックのゼリー部分は絶品。国内に全3店舗あり。
☎6344-5911 ㊇アイワンツー・カトン(→P.63)から徒歩4分 ㊑191 East Coast Rd. ◷10:00〜翌2:00 ㊡無休

ファイブ・スター・カンポン・チキン
Five Star Kampung Chicken
オーダー必須の看板料理。ジンジャー、チリ、ソースの3種のタレで(写真はハーフ S$18.80)
S$5.80〜

GOURMET

S$4〜

チキンライス(M)
Chicken Rice(M)
サイズはS(S$5)とL(S$8.80)も。チリ、ジンジャーのほか、甘めのダークソソースがある

S$6

→チンゲン菜のオイスターソース炒めはサイドディッシュの定番

行列必至の超有名店がココ
天天海南鶏飯
Tian Tian Hainanese Chicken Rice
ティエン・ティエン・ハイナニーズ・チキン・ライス
チャイナタウン MAP付録P.16 B-3
地元メディアで何度も取り上げられ、ミシュランにも選出される実力派で、シンガポールのチキンライスを代表する一軒。ジューシーな鶏肉の食感とライスの味付けが絶妙だ。

☎9691-4852 Ⓜイースト・ウエスト線Tanjong Pagarタンジョン・パガー駅から徒歩7分 所マックスウェル・フード・センター(→P.47) 営10:00〜20:00 休月曜

→施設の中ほど、青い看板が目印

→手早く盛り付けて渡してくれる

30年以上愛されている名店
ラッキー・チキンライス
Lucky Chicken Rice
オーチャード・ロード MAP付録P.6 C-2
ローカル色の濃いSCの2階にある昔ながらの食堂といった雰囲気で、リーズナブルで味も好評。チキンライスは、ローストとスチームの2種類で、いずれもS$5。

☎6738-4175 Ⓜノース・サウス線Orchardオーチャード駅から徒歩5分 所ラッキー・プラザ(→P.137) 2F 営10:30〜18:00 休日曜

↑地元客が中心で庶民的な雰囲気

→マイルドな味わいの豆乳

S$1.50

チキンライス(スチーム)
Boneless Steam Chicken Rice
チキンは、あっさりした味付けでやわらかくジューシー。ソースは、チリとジンジャーの2種類

S$8.50

→ローストのチキン。スチームと同じライスとスープが付く

S$8.50

→サイドディッシュのモヤシ炒め

S$5

84

メニュー豊富な大衆食堂
津津餐室
Chin Chin Eating House
チン・チン・イーティング・ハウス
シティ MAP 付録P.13 D-3

1935年創業で、看板メニューのチキンライスのほか、ローカルフードのメニューが豊富。チキンライスはローストと白鶏(スチーム)の2種類で、ライスも白米かチキンライスが選べる。チキンライス1人前はメニューに記載がないので口頭で伝えよう。

☎6337-4640 各線Bugisブギス駅から徒歩10分 19 Purvis St. 11:00(金〜日曜11:30〜)〜21:00 無休

チキンライス(白鶏)
Steam Chicken
チリとジンジャーのソースを混ぜるのがおすすめ。しっかりした味付けで本場の味が楽しめる
S$14(1人前)

↑広東風の味付けのミーゴレンは、ボリュームたっぷり
S$5〜

ライムジュースは甘めだが、清涼感たっぷり
S$1.50

↑市内の中心にありアクセスが便利　↑地元客に人気で食事どきは相席の場合も

現代人のおしゃれなチキンライス
ロイ・キー・ベスト・チキンライス
Loy Kee Best Chicken Rice
ノヴィナ MAP 付録P.3 D-3

チキンライスの四天王にも数えられる有名店。看板料理のチキンライスは独自路線。調理法が蒸し・焼きから選べ、定食でおしゃれなワンプレートなのがうれしいポイント。

☎6252-2318 ノース・サウス線Novenaノヴィナ駅から徒歩10分 342 Balestier Rd. 10:00〜21:00(日曜は〜22:00) 無休

黎記海南鶏飯
Hainanese Chicken Rice
ライスと野菜、スープ、3種のソース付きのチキンライス定食。1人なら黎記特別套餐(写真)を
S$9.80

↑長時間煮込んだ海南風ビーフシチュー海南燜牛肉
S$15

↑レトロな外観ながら、店内は清潔

↑現在は支店はなく、本店のみで営業中

GOURMET

シンガポールの海鮮料理で一番人気!
最高の贅沢! 旨い チリクラブ ❸ 店

まるごとボイルした真っ赤なカニにトマトや卵が入った特製のチリソースが絡む名物料理。豪快に手づかみで食べてみよう。

↑しっとりとしたシーフードチャーハンには海鮮が贅沢に入る S$22

シンガポールの究極のグルメ
ジャンボ・シーフード
Jumbo Seafood
クラーク・キー MAP 付録P.14 A-1

1987年創業以来、東南アジアの食文化を融合し、独特のシーフード・メニューを開発して人気を博す。中国にもフランチャイズ店を展開し、国内外から多数の賞を受賞する。

☎6532-3435 Ⓜノース・イースト線 Clark Quayクラーク・キー駅から徒歩5分
🏠30 Merchant Rd. Riverside Point 1F
⏰11:30〜23:00 休なし 💳

↓チリとカレー風味で香ばしさを閉じこめたエビ料理 S$26

チリクラブ S$130
Chilli Crab
中国・マレー・インドの香辛料や調味料を合体させたソースが美味

↑丸いグループ用や2人用テーブルを設置(上)。外にはテラス席もあり、リバーサイドで涼を楽しみながら食事ができる(下)

知っておきたいチリクラブのこと!
食べ方は以下のとおり。ソースがはねるのでエプロンをもらおう。

1 殻を割る
まずは専用のハサミで殻を割る。硬い部分はかなり力を込めないと割れない。爪の先など尖った部分があるので注意。

2 身をかき出す
専用のカニフォークまたはスプーンを使って中の身をかき出そう。旨みがたっぷり詰まっているので、爪などの取りづらい部分もしっかりと。

3 ソースも最後まで
たっぷりかかったチリソースにもカニの旨みがたっぷり出ている。揚げパンのような「マントウ」(蒸したタイプのものも)につけて食べよう。

4 手を洗う
フィンガーボウルが出てくる店はこれで手を洗おう。お手拭きは有料の店が多いのでウェットティッシュを持参すると便利。手袋を用意してくれるところも。

カニ料理のスペシャリスト
メルベン・シグネチャー
Mellben Signature
チャイナタウン MAP 付録P.16 A-4

カジュアルな雰囲気ながら、味は折り紙付きで、比較的リーズナブルにカニ料理が味わえる。カニ料理の種類が多く、チリクラブのほか、カニのビーフン鍋やクリーミー・バタークラブなど、どれも絶品と評判さ。

☎6220-5512 ❖Mイースト・ウエスト線Tanjong Pagarタンジョン・パガー駅から徒歩5分 ㊑7 Tanjong Pagar Plaza #01-105 ⌚11:30～14:30、17:30～22:15 日曜のランチ

→半オープンエアでゆったりとしている

→入口は通りに面していないので注意

→チリソースをつけていただく揚げパン(5個) **S$3**

→香ばしい空芯菜のガーリック炒め **S$10**

チリクラブ Chilli Crab 時価
カニ肉たっぷりで、ピリ辛ながらほどよく酸味もあるマイルドな自家製ソースとの相性が抜群

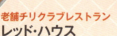

→ホウレン草とシメジを使った豆腐料理 **S$18**

→広々とした2階のフロア。全部で180席

老舗チリクラブレストラン
レッド・ハウス
Red House
クラーク・キー MAP 付録P.12 A-4

1976年創業でシンガポールに3店舗を展開するやや高級なシーフードレストラン。カニの種類が豊富で、カニ以外にもロブスターなどのシーフードメニューが充実。ポリ手袋をくれるので、カニ料理も食べやすい。

☎6442-3112 ❖Mノース・イースト線Clarke Quayクラーク・キー駅から徒歩15分 ㊑3C, River Valley Rd. #01-02/03, The Cannery ⌚12:00～14:30、17:30～22:00 無休

チリクラブ Chilli Crab 時価
カニはスリランカ産のマッドクラブで、他店よりも赤く、濃厚でスパイシーなソースが決め手

グルメ / カフェ / スイーツ / ナイトスポット / ショッピング / 歩いて楽しむ / リラックス&ステイ

GOURMET

シンガポールが麺自慢ってご存知でしたか？

絶品味で行列のヌードル**6**店

プラナカンの伝統料理ラクサや、中国系のチャー・クウェイ・テオ、屋台の定番のバンミエンやホッケン・ミーなど、独自の文化による魅力的な麺料理ばかり。

ブラウン・ミーとは…
炒めたエビの頭と殻を豚骨と一緒に煮込んだスープでいただく麺料理。福建省出身者が伝えた国民食。

地元の人が贔屓にする元祖エビ・ヌードル

B ブラウン・ミー Prawn Mee **S$7〜**
こってりとしたチリ風味のスープに、エビがのった栄養満点のヌードル

ラクサとは…
ココナツミルクを使ったプラナカン料理の代表格。幅広の米麺はレンゲで食べやすいように短め。

ココナツとスパイスが絶妙に融合した国民食

バンミエンとは…
小麦の麺に、カリカリの煮干しと肉などの具材を合わせる。きしめんのようなバンミエン、細いユーミエン、ほうとうのようなミーフンクエから麺を選べる。

もちっとした食感の屋台の定番麺

A ラクサ Laksa **S$7〜**
オリジナルで作られたチリペーストのクセになる辛さが、コクのあるココナツミルクと相性抜群

C ドライ・バンミエン Dry Ban Mian **S$4.80**
自家製の麺と具材、ソースが相性抜群。暑い日中はスープ入りではなく、ぶっかけうどんのようなドライがおすすめる。

A ラクサの激戦区でトップの人気
328カトン・ラクサ
328 Katong Laksa
カトン MAP 付録P.17 B-3
世界各国から多くの観光客や取材が来る大人気のラクサ店。かつてはレンゲ1つでラクサを食べていた習慣から、店内には箸を置いていない。
☎9732-8163 ㊍アイワンツー・カトン(→P.63)から徒歩3分
㊧51/53 East Coast Rd.
⏰9:30〜22:00 ㊡無休

B エビを贅沢に使った自慢の味
ブランコ・コート・プラウン・ミー
Branco Cort Prawn Mee
アラブ・ストリート MAP 付録P.13 E-2
今では郷土料理といえるエビ・ヌードル。もともとはイエロー麺だが、この店で白の米麺を加えた2種類から選べる。セルフサービスで本場の味を堪能。
☎なし ㊍各線Bugisブギス駅から徒歩5分
㊧243 Beach Rd. ⏰7:00〜16:00(土、日曜は〜15:00) ㊡無休

C 自家製麺が好評の郊外の人気店
イー・シュアン・ハンドメイド・バンミエン・イーティング・ハウス
Yi Xuan Handmade Banmian Eating house
ゲイラン MAP 付録P.3 D-3
東南アジアの田舎といった風情の郊外にある麺料理店。自家製麺の評判が口コミで広がり、多くのお客で賑わう。サイドメニューの手作り餃子も人気。
☎9626-1648 ㊍Mダウンタウン線Mattarマッター駅から徒歩7分
㊧35 Circuit Rd., Block 35
⏰11:00〜24:00
㊡不定休

グルメ

チャー・クェイ・ティオとは…
米粉でできた麺を貝、モヤシなどの具材と醤油、唐辛子で炒める。シンガポールの国民食ともいわれる。

甘辛ソースを楽しんで
米粉ならではの食感と

2種類の麺によく絡む香ばしい魚介のスープ

E ホッケン・ミー
Hokkien Mee　S$6〜
ぷりぷりのエビと濃厚な魚介スープ。甘めの味付けが日本人好み

ホッケン・ミーとは…
エビなど海鮮の出汁が利いたソースで味付けした、焼きそば。米麺と小麦の卵麺の2種類が入っているのが特徴。

D チャー・クェイ・ティオ・ミー
Fried Kway Teow Mee　S$5.50
麺はモチモチした食感で、濃厚なブラウンソースはクセがなく、赤貝やモヤシなどが入っている

フィッシュボール・ヌードルとは…
魚のすり身の団子が入った麺。スープに麺が入った状態で提供されるスープと、麺とスープが別の器で提供されるドライから選べる

魚介スープのコラボ
歯ごたえのいい卵入り平麺と

↓豚肉、シイタケ、魚肉団子入りの汁なし麺

↓魚介の出汁が利いたスープは麺に混ぜても◎

F シグネチャー85
フィッシュボール・ヌードル
Signature 85 Fishball Noodle　S$7.20
卵入り平麺とブリのすり身団子&はんぺん入りスープのセット。麺は辛めと普通が選べ、店のおすすめは辛め

D 庶民派グルメのチャンピオン
オートラム・パーク・チャークェイティオ・ミー
Outram Park Fried Kway Teow Mee
チャイナタウン MAP付録P.16 B-1

昔ながらの雑然としたフードセンターの一角にある行列必至の人気店。米粉の平麺に甘辛のブラウンソースと炒める際にラードを使った独特の味わい。

☎9838-7619　各線Chinatownチャイナタウン駅から徒歩2分
所531A Upper Cross St., Hong Lim Food Centre 2F
6:00〜15:30　休日曜、祝日

E 屋台で味わうローカルグルメ
セン・キー・ローカル・デライト
Seng Kee Local Delights
チャイナタウン MAP付録P.14 B-3

シンガポールの屋台には欠かせないソウルフード、ホッケン・ミーが味わえる。お昼どきは長蛇の列で、並んでも食べたいという人が続出。

なし　ダウンタウン線Telok Ayerテロック・アヤ駅から徒歩3分　所ラオ・パ・サ・フェスティバル・マーケット(→P.46)内
11:00〜翌1:00　休無休

F 絶品ブリ団子麺をお手ごろ価格で
85 レッドヒル・テオシュー
フィッシュボール・ヌードル
85 Redhill Teochew Fishball Noodles
オーチャード・ロード MAP付録P.7 F-3

ピリ辛ソースのご当地麺ミーポック(卵入り平麺)と、口当たりが軽く食感もよいブリのすり身団子は日本人にも人気。国内に7店舗展開中。

☎6370-1155　各線Dhoby Ghautドービー・ゴート駅から徒歩3分　所プラザ・シンガプーラ(→P.137)B2　8:30〜21:00　休無休

カフェ | スイーツ | ナイトスポット | ショッピング | 歩いて楽しむ | リラックス&ステイ

GOURMET

インドの文化が独自進化。辛みがお好きなあなたへ！

大迫力！ フィッシュヘッドカレー ❹ 店

魚の頭がまるごと入った、インパクト抜群のカレーは、シンガポールの多彩な食文化のひとつ。バリエーションもさまざまなので、食べ比べも楽しい。

スパイシーに焼き上げた羊肉マイソールマトン S$10〜

フロス状にした魚肉のカツレツ、フィッシュカツレツ1個 S$2.10

カレーと好相性のビリヤニ S$5〜は野菜とパパダム付き

サミーズ・フィッシュヘッドカレー
Samy's Fish Head Curry S$21〜
白身魚の頭がインパクト大。トマトの酸味とスパイスが効いたカレー。魚の骨にご注意。

知っておきたいフィッシュヘッドカレーのこと！

シンガポール名物のひとつに数えられるフィッシュヘッドカレーについて簡単にご紹介。

1 シンガポール発祥
南インド出身のシェフが、食材としてあまりなじみのなかった魚の頭が捨てられているのをもったいなく感じ、カレーに入れてみたところ評判に。シンガポールを代表する料理のひとつになった。

2 大きいのでシェア
魚の頭がまるごと入っていることもあり、グレイビーボートや小皿ではなく、大きなボウルやクレイポットでの提供がほとんど。サイズを確認し、スモールでも2〜3人でシェアしよう。

3 ライスとの相性が◎
インドカレーにはナン、と思いがちだが、フィッシュヘッドカレーはビリヤニやパパダムを合わせた南インドスタイルでぜひ。一緒に出てくる野菜のカレー（写真上）と混ぜて食べてもおいしい！

創業以来変わらぬ秘伝レシピ
サミーズ・カリー・レストラン
Samy's Curry Restaurant

デンプシー・ヒル MAP 付録P.4 A-1

50年以上続く家族経営の老舗カレー店。南インドのメニューを基本に、幅広いインド料理を展開する。新鮮なバナナの葉を皿代わりに使うフィッシュヘッドカレーは、1日平均120食が出る人気の看板メニュー。

☎6472-2080 Ⓜノース・サウス線Orchardオーチャード駅から車で8分 ⌂BLK 25 Dempsey Rd. ⏰11:00〜15:00、18:00〜22:00 休火曜

⬆テラス席も雰囲気がよい（上）。天井が高く開放的（下）

⬆甘さすっきりココナッツジュース

⬆元英国軍の社交クラブだった敷地内

創業50年を数える老舗店
ムトゥース・カリー
Muthu's Curry
リトル・インディア　MAP付録P.10 C-3

1969年創業の、老舗の南インドカレー料理店。「ムトゥー」とは創業者である先代のニックネーム。フィッシュヘッドカレーは先代が考案したといわれ、やわらかく煮込まれた白身魚の頭はスプーンを入れると簡単に身がはがれる。カレーには別売りのビリヤニライス S$6.54を添えて。

☎6392-1722 Ⓜノース・イースト線Farrer Parkファーラー・パーク駅から徒歩3分 📍138 Race Course Rd., #01-01 🕙10:30～22:30 休無休

↑調理の様子が見られるのも楽しみのひとつ

↑店内中央にはオープンキッチンがある(上)。全300席。団体でも余裕のキャパシティ(下)

フィッシュヘッドカレー
Fish Head Curry S$26〜

タマリンドとスパイスが食欲をそそる魚とオクラ、パイナップルのカレー

↑ヨーグルトなどに漬け、窯焼きにしたタンドリーチキン S$22.35

クレイポッド・カレー・フィッシュヘッド
Claypot Curry Fishhead S$26

オクラ、トマト、パイナップルなど具だくさんで辛さのリクエストにも応じてくれる

ニョニャ料理が楽しめる
オーシャン・カリー・フィッシュ・ヘッド
Ocean Curry Fish Head
チャイナタウン　MAP付録P.16 C-3

中国人経営のニョニャ料理のレストランで、カウンターに並んだ料理から食べたいものを選ぶスタイルだが、フィッシュヘッドカレーは別途、要注文。タマリンドとココナツミルクたっぷりの風味豊かなカレーが味わえる。

☎6324-9226 Ⓜダウンタウン線Telok Ayerテロック・アヤ駅から徒歩5分 📍181 Telok Ayer St. 🕙10:30～15:00、17:00～20:30 休土曜のディナー、日曜

↑20種類ほどの料理から、好きな料理を選べる(上)。地元の客が中心で観光客が少ないローカルな店(下)

激戦区のローカルカレー
バナナ・リーフ・アポロ
The Banana Leaf Apolo
リトル・インディア　MAP付録P.10 C-3

1974年創業。20種類以上ものスパイスをふんだんに使ったフィッシュヘッドカレーが有名。地元新聞主催の「ベスト・アジアン・レストラン」ブロンズ部門に選ばれたことも。リトル・インディアに2店舗を展開している。

☎6293-8682 Ⓜ各線Little Indiaリトル・インディア駅から徒歩3分 📍54 Race Court Rd. 🕙10:30～22:30 休無休

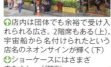
↑店内は団体でも余裕で受け入れられる広さ。2階席もある(上)。宇宙船から名付けられたという店名のネオンサインが輝く(下)
↑ショーケースにはさまざまなカレーが陳列

アポロ・フィッシュヘッドカレー
Apolo Fish Head Curry S$32.94〜

あっさりした白身魚と、風味濃厚なカレーが好相性。大きいのでシェアがベター

グルメ / カフェ / スイーツ / ナイトスポット / ショッピング / 歩いて楽しむ / リラックス&ステイ

GOURMET

シンガポールの味覚世界をすみずみまで探検
ディープなローカルフード 6 店

中国系にマレー系、インド系など、さまざまな人種と文化が流入してきたこの国では、今まで食べてきたような「定番」に収まりきらない、奥深い食の世界が広がっている。

気軽にいただくスッポン料理
陳生成山瑞补品
Tan Ser Seng Herbal Soup
タン・セー・セン・ハーバル・スープ

ゲイラン MAP 付録P5 E-1

日本では高級なスッポンがリーズナブルに味わえる。創業時から提供している、生薬を使った風味豊かなスッポンスープやチキンスープが好評だ。

☎6748-3953 交イースト・ウエスト線Aljuniedアルジュニード駅から徒歩10分 住29A Lorong Bachok 営11:00〜22:00 休無休

地元の人もよく訪れる人気店(上)。1946年に創業した老舗(下)

生薬が香るスープに高級食材のスッポンが

ダブル・ボイルド・タートル・スープ
Double Boiled Turtle Soup S$17.90

健康と滋養の源として地元民に人気のメニュー。鍋に入ったスッポンスープもある

S$2.10

→生薬がたっぷり入った薬膳チキンスープ S$16.80

←スープの旨みを引き立てるヤムライス

S$11.30

→野菜炒めも薬膳ソースで味付け

ティオン・バル限定でここでしか食べない

シャンパン・ロング・リブ
Champagne Long Rib S$11 (1ピース)

シャンパンのほか、ライムやオレンジの果汁に長時間漬けた芳醇な味わいのスペアリブ

←ベビー・カイランのガーリック炒め S$12

オフィスビルの1階に入っているオーチャードにも支店あり

名物はシャンパン・ポークリブ
ポー・キー・イーティング・ハウス 1996
Por Kee Eating House 1996

ティオン・バル MAP 付録P8 B-4

ティオン・バル・マーケットのすぐそば、駐車場に隣接しているローカルレストラン。シーフードから鹿肉料理まで、バリエーション豊かだが、ご当地グルメのシャンパン・ポークが一番人気。

☎6221-0582 交イースト・ウエスト線Tiong Bahruティオン・バル駅から徒歩10分 住69 Seng Poh Ln., #01-02 営11:30〜14:30、17:00〜22:45 休月曜

店内はエアコンが効いて小ぎれい

深夜までバクテーを楽しめる
亞華
Ya Hua Bak Kut Teh
ヤー・ファ・バクテー

ティオン・バル MAP 付録P8 B-2

豚肉のスペアリブなどを各種生薬と煮込むバクテーの専門店。バクテーの店としては珍しくビールもあり、深夜でも地元民の客足が絶えない。

☎6235-7716 交イースト・ウエスト線Tiong Bahruティオン・バル駅から徒歩15分 住593 Havelock Rd., #01-01/02 Isetan Office Building 営11:00〜翌3:00(火・木曜は〜翌2:00、日曜は〜22:00) 休月曜

バクテー
Bak Kut Teh S$9.60〜

肉は肉骨、排骨、大排骨の3種があり、味付けは胡椒が強めで日本人好み。スープは無料でつぎ足し可能。

S$1.60

↑揚げパンのような油条。バクテーのスープにつけて食べる

風味豊かなスープが骨付き豚肉に染み込む

S$11.50

↑食べごたえのある大排骨

人気のラクサ鍋の発祥店
サン・ラクサ・スチームボート
San Laksa Steamboat

リトル・インディア MAP付録P.11 D-3

ピリ辛でマイルドなラクサのスープで、鍋が楽しめる。机に置いてある紙に記入して注文、薬味や調味料で好みのたれを作る。締めには麺がおすすめ。

☎6275-7069 Ⓜノースïーストïスト線Farrer Parkファーラー・パーク駅から徒歩5分 ⌂147 Kitchener Rd. 🕐10:00～24:00 休なし

↑こぢんまりした店内には鍋用テーブルが並ぶ(上)。タイ、インド、ヨーロッパ料理も味わえる(下)

ココナッツ風味のスープに好きな具材を入れて

ラクサ・スチームボート
Laksa Steamboat

仕切られた鍋でラクサスープとチキンスープの2種類を味わえる。スープは無料でつぎ足しも可能。ホタテ貝S$9.90、エビS$9.90など具材も豊富

S$7.90

↑ラクサの濃厚な風味が染み、サクサクした食感のラクサ・フライド・プラタ

S$2.60

↑カレーのあとにいただくチェンドルは格別
↑クレープ感覚のバナナチョコレートプラタ

S$3

ごはんにもデザートにもなる南インド風サクサクのパン

ガーリックプラタ
Garlic Prata

S$2

薄い生地が層になっている「平たいパン」を意味するロティ・プラタは、カレーとの相性抜群

手軽に味わえる南インドの味
アー・ラーマン・ロイヤル・プラタ
Ar Rahman Royal Prata

リトル・インディア MAP付録P.10 B-4

リトル・インディアのテッカ・センターのフードコートにあるナンに似たロティ・プラタ専門の屋台。チーズや卵、オニオンのほか、イチゴ、バナナ、チョコなどスイーツにもなるプラタは約20種類で、S$1.70～3という安さも魅力。

↑同オーナーによるスイーツの屋台が隣にある(上)。インド系が多く、どっぷりと異国情緒に浸れる(下)

☎9189-9420 Ⓜ各線Little Indiaリトル・インディア駅から徒歩5分 ⌂テッカ・センター(→P.121)1F-248 🕐7:00～22:30 休月曜

一日中賑わう広東粥の老舗
阿昌粥
Ah Chiang's Porridge
アー・チャン・ポリッジ

ティオン・バル MAP付録P.8 C-4

レトロな低層公共住宅が立ち並ぶ一角にあり、早朝から深夜まで地元客を中心に賑わうお粥専門店。炭火で炊き、米の形状がほとんど残らないとろとろのお粥で、メニューは豚肉、魚、ピータンを中心に約30種類。デザートに、豆乳で作る豆花も人気。

↑創業50年近い老舗粥店→先に注文を
→先にカウンターで注文を

ピータン粥
Century Egg Porridge

S$4.50

小さく刻んだピータンのほか、半熟に近い生卵が入っている。調味料と薬味で好みの味に

各S$1.50

↑スイーツの豆花は、オリジナルとアーモンドがある

定番は豚肉系でトッピングもできる

☎6557-0084 Ⓜイースト・ウエスト線Tiong Bahruティオン・バル駅から徒歩12分 ⌂65 Tiong Poh Rd., #01-38 🕐6:30～23:30 休無休

GOURMET

> 日本人の口に合う味付けと評判です！

必食！看板料理の**ローカル食堂 ❹ 店**

> 絶対食べて帰りたい！秘密のレシピに感激！

オリジナルの創作料理や独自にアレンジした料理など、ここだけでしか食べられない美味を体験できる、人気のローカル食堂を訪れよう。

ミシュラン3ツ星に匹敵
ヒルマン
Hillman Restaurant
リトル・インディア MAP 付録P11 D-3

著名なフランス人シェフ、ポール・ボキューズ氏が絶賛したペーパーチキンをはじめ、広東料理を中心としながら、オリジナルの創作料理がおいしいと評判。

☎6221-5073 Ⓜノース・イースト線 Farrer Parkファーラー・パーク駅から徒歩5分 所135 Kitchener Rd.
営11:30～14:30、17:30～22:30 休無休

これが名物！
ペーパーチキン
Paper Chicken　S$15～(15個)
じっくり味付けしたチキンの骨なしチキンの旨みをパラフィン紙で封印した逸品

特製醤油ダレのジューシーチキン

↑サラダ感覚で、レタスに包んでいただくフカヒレ入りスクランブルエッグ　S$65～

↑地元のファミリーや観光客に人気がある

↑シンガポールと大阪に2店舗ずつ展開している

昔ながらの家庭料理が名物
三盃両件
Soup Restaurant　スープ・レストラン
オーチャード・ロード MAP 付録P6 C-2

中国・広東省の家庭料理のひとつ、サムスイ料理を提供するチェーン店。創業当初は店名のとおり、薬膳スープの専門店だったが、ジンジャーチキンの登場により人気レストランに。

☎6333-6228 Ⓜノース・サウス線 Orchardオーチャード駅から徒歩5分 所パラゴン(→P.137)B1
営11:30～22:00 休無休

盛り付けの美しさとやさしい味わいで人気

これが名物！
ジンジャー・チキン
Samsui Ginger Chicken　S$26.90
蒸し鶏とキュウリをジンジャーソースとともにレタスで巻いて食べる

S$29.90
↑豆腐エビ。卵、チリソース、トマトで作られたグレービーソースが味の決め手

↑中国の歴史を感じるような洗練された内装

↑チャンギ国際空港などにも支店がある

↑ジンジャー・チキンのソースは、おみやげとしても大好評

日本人にも人気の海鮮中華
プーティエン
PUTIEN VivoCity
セントーサ島周辺 MAP付録P.19 D-1

店名は中国福建省の地名で、当地の海鮮中華メニューが豊富。比較的リーズナブルながら、ミシュランにも星を認定された実力派。素材の味を生かした料理は日本人にも好評。☎6376-9358 各線HarbourFrontハーバーフロント駅から徒歩5分 1 HarbourFront Walk #02-131/132 11:30～15:00（土・日曜は～16:30、LOは各30分前）17:30～22:00（LO 21:30) 無休

S$4.80
↑福建省伝統のワンタンスープ、ビアン・ルー・スープ

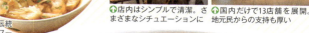
↑店内はシンプルで清潔。さまざまなシチュエーションに
↑国内だけで13店舗を展開。地元民からの支持も厚い

S$16
↑金石魚と呼ばれる海水魚をショウガと一緒に軽く煮たおすすめ料理の100秒シチュード・イエロー・クロッカー

シンプルながら奥深い 福建省興化発祥の美食

これが名物！
ロー・ミー
Lor Mee S$18.80～
海鮮とろみスープになめらかな麺がよく絡むご当地ヌードル

S$6.80
↑プラナカン風のホームメイド・オタ

S$27.80
←イカをソースで炒めたサンバル・ソトン

これが名物！
ナシレマ
NASI LEMAK
S$16.80
風味豊かなココナツライスとジューシーなチキンがベストマッチ

庶民の朝の定番をモダンにアップデート

要人も訪れた有名店
ココナツ・クラブ
The Coconut Club
アラブ・ストリート MAP付録P.13 E-2

ホーカーの定番グルメであるナシレマのイメージを一変させる洗練された味が話題を呼び、オープン以来たちまち人気店に。地元ファンで客足が絶えない。月～木曜の夜は予約が望ましいが、昼どきや週末は予約不可のため注意。☎8725-3315 各線Bugisブギス駅から徒歩7分 269 Beach Rd. 11:00～14:15(LO) 18:00～22:30、土・日曜11:00～22:30 なし

↑ココナツミルクを使った料理を得意とし、店先にはココナツが並ぶ

カフェ / スイーツ / ナイトスポット / ショッピング / 歩いて楽しむ / リラックス&ステイ

グルメ

95

GOURMET

スペシャルな食卓を旅の思い出に
駐在員も太鼓判の ハイクラスレストラン3店

絶えず進化を続ける美食国には一流のシェフが集い、テーブルには匠の技が光る料理がズラリ。ちょっと奮発して、特別なランチ&ディナーに出かけたい。

ポピア(クラシック)
Popiah(Classic) S$32
豚肉やエビ、野菜などのフィリングを薄い皮で包みお好みのソースをつけて

↑地中海の真っ赤なエビやフランス風ベーコンのラルドンがのったカラビネロ&コンブ・ミー S$38

↑洗練されたオリエンタルな雰囲気に満たされた店内

プラナカンの伝統料理にチャレンジしてみて!

伝統料理を洗練のアレンジで
ポー
Pó
クラーク・キー MAP 付録P.9 D-2

貿易倉庫をリノベーションしたモダンな内装がクールな、ザ・ウェアハウス・ホテル内にあるレストラン。厳選食材でモダンにアレンジされた、伝統的なシンガポール料理を楽しめる。薄い皮に野菜、卵、ナッツなどの好きな具材を巻いていただくニョニャ料理「ポピア」はマスト。

☎6828-0007 交 M ノース・イースト線Clarke Quayクラーク・キー駅から徒歩10分 所 H ザ・ウェアハウス・ホテル(→P.162)内 営 7:00～10:30、12:00～15:00、18:00～22:30 休無休

アルティメットラシーヌズ・ビュッフェ・ブランチ
The Ultimate Racines Buffet Brunch
S$128~
土曜の12:30～15:00のみ行うビュッフェ。中洋の多彩な料理を両方楽しめる

一流フレンチと中華の共演
ラシーヌ
Racines Restaurant
チャイナタウン MAP付録P.16 B-4

1つの食材にフレンチと中華それぞれのシェフが異なるアプローチを行い、2種類のメニューを提供している。フュージョン料理ではなく独立した2つの料理を振る舞うのは珍しい。2018・19年の2年連続で「シンガポール・トップ・レストラン」を受賞。

☎6428-5000 ✕Mイースト・ウエスト線Tanjong Pagarタンジョン・パガー駅からすぐ ⌂9 Wallich St., Sofitel Singapore City Centre 5F 営7:00～10:30、12:00～15:00、17:00～22:00 休無休

↑ソフィテル シンガポール シティ センターの5階に入る

↑ローカルスイーツのチェンドルも、洗練された盛り付けで提供

ランチコース
Lunch Course S$58~
アペタイザーとデザート、パスタまたはメイン料理から1品ずつ選べる

日本人オーナーの美食空間
リストランテ・タカダ
RistoranteTakada
クイーンズタウン MAP付録P.4 A-2

本場イタリアで修業を重ね、都内の名店で腕をふるった高田昌弘氏がオーナーを務める。コースが中心で、その時どきの素材を厳選し、一皿ごと丹精込めた料理は評価が高い。

☎9067-0141 ✕Mイースト・ウエスト線Queenstownクイーンズタウン駅から徒歩3分 ⌂356 Alexandra Rd., #01-07 Alexis Condominium 営12:00～15:00、18:30～22:00 休月曜

↑週末もランチ営業している

↑落ち着いた大人の雰囲気

カフェ

明るい光に満ちたティータイム

SINGAPORE CAFE

CAFE
上質な午後はシンガポールの宝物

お茶も料理も文句なし
アフタヌーンティー＆
ハイティー ❷ 店

格式高いホテルなどのラウンジで、誰もが憧れる優雅なティータイム。洗練されたインテリアや食器に、本場イギリスの雰囲気が感じられる。

知っておきたい！

伝統的な3段トレーで出されるのがアフタヌーンティー、ビュッフェ形式で通常の料理も出すのがハイティーというのが基本だが、店舗によって呼び方はさまざま。どんな形式か事前に調べておこう。

ティータイムDATA
アフタヌーンティー
S$68
12:00～14:30、15:30～18:00の2回　無休

伝統的な3段トレーとスコーン、お茶のセット。ドリンクはシャンパンやワインに変えることもできる

↑かわいらしいケーキはおかわり自由

荘厳なコロニアル建築の
ロビーで過ごす優雅な午後
コートヤード
The Courtyard

マリーナ　MAP 付録P.14 C-2

歴史建築の吹き抜けのロビーが、アフタヌーンティーの会場に。バンドの生演奏を聴きながらTWGの紅茶と3段トレーにのったスコーンやミニサンドイッチが楽しめる。

☎6877-8911（フラトン）　各線Raffles Placeラッフルズ・プレイス駅から徒歩5分　フラトン（→P.161）1F　8:30～21:00（LO20:30）、サウスコートヤード11:30～24:00　無休

←1928年築の郵便局として使われていた建物

アフタヌーンティーと
カクテルバーの新たな体験
ジンジャー・リリー
Ginger Lily

オーチャード・ロード MAP付録P.7 D-3

シーズンごとにコンセプトの異なるアフタヌーンティーを用意。朝食・ランチ・ディナータイムは、地元の食材を使ったメニュー、ハッピーアワー(12:00〜24:00)には、S$12でカクテルも提供する。

☎6831-6273　Ⓜノースサウス線Somersetサマセット駅から徒歩6分　🏠333 Orchard Rd., Hilton Singapore Orchard　⏰8:00〜翌1:00　休無休

▶モダンな空間にとり入れた植物が映える

▶シートも広く、落ち着いてアフタヌーンティーが楽しめる

ティータイムDATA
アフタヌーンティー
S$68
⏰13:00〜15:00、15:30〜17:30
休無休

口当たりのいいカクテル、15種類以上のスイーツやサンドイッチとプレミアムティーが楽しめる

99

CAFE

シンガポーリアンの秘密基地におじゃまします！
ゆったり時間が流れる**コピティアム❹店**

昔ながらの朝食などがいただけるコピティアムは、シンガポール人も大のお気に入りスポット。
おいしいコーヒーとトーストを味わいながら過ごす時間は、まるで現地で生活しているかのよう。

Aセット
Set A
S$5.60
カヤトーストに半熟卵とドリンク付き。アイスにするとS$6.50

↑チャイナ・ストリートに面したレトロな雰囲気の本店

壁にはカヤトーストにまつわるユニークなイラストも

種類充実のカヤトースト専門店
ヤ・クン・カヤトースト
Ya Kun Kaya Toast
チャイナタウン MAP付録P.16 C-1

多数の支店を持つカヤトーストの有名店。炭火で焼いた薄いトーストと特製のカヤジャムは創業当時の味を守り続けている。セットやドリンクも充実し、朝食時はいつも混み合っている。

☎6438-3638 ⓂダウンタウンTelok Ayerテロック・アヤ駅から徒歩3分 所18 China St., #01-01 Far East Sq. 営7:30～16:00（土・日曜は～15:00）LOは各30分前 休祝日

コピの種類を知ろう！
コピはマレー語でコーヒーのこと。独特な注文方法を知っておこう。

■ **コピ・オー**
Kopi O
コーヒー＋砂糖（ミルクは入っていない）

■ **コピ**
Kopi
コーヒー＋砂糖＋コンデンスミルク

■ **コピ・シー**
Kopi C
コーヒー＋砂糖＋エバミルク（無糖練乳）

■ **コピ・ペン**
Kopi Peng
アイスコーヒー。ペンは中国福建省の方言

厚切りふわふわカヤトースト
喜園咖啡店
YY Kafei Dian　ワイワイ・カフェ・ディエン
シティ MAP付録P.13 D-3

観光客が少ない地元密着型コーヒー店。カヤトーストは、シンガポールでは珍しく厚切りのふわふわタイプ。ドリンクメニューはないので、カウンターで「コピ」「カヤトースト」と伝えればOK。

☎6336-8813 ⓂサークルEsplanadeエスプラネード駅から徒歩3分 所37 Beach Rd., #01-01 営7:30（土・日曜8:00）～19:00 休不定休

Good Taste!

↑入口はオープンで入りやすい。店内では海南料理も提供する

元ホテルだった建物をリノベしたレトロカフェ

Good Taste!

ブレッド・トースト
Bread Toast
1ピースS$ 5.40
いわゆるカヤトースト。写真のものは2ピース

↑薄めのトーストに自家製カヤジャムとバターをサンド

→卵たっぷりフレンチトーストS$6にもカヤジャムとバターを添えるのが地元流

奥行きのある店内は席数豊富。壁には店の歴史展示も

100年続くご当地コーヒーの老舗店
キリニー・コピティアム
Killiney Kopitiam

オーチャード・ロード **MAP** 付録P7 E-4

1919年創業のローカルコーヒー店。東南アジア風のコーヒーやトーストを求めて、常に多くの訪問客で賑わう。オリジナル・カヤジャムは販売もしているので、おみやげにもピッタリ。

☎6734-3910 ㊂ノース・サウス線Somersetサマセット駅から徒歩7分 ㊟67 Killiney Rd. ⏰6:00〜18:00 ㊡無休

朝食の定番カヤジャムを自宅でも

↑自家製のカヤジャム1瓶S$5は保存料・着色料無添加

↑写真映えする席なら軒先へ。レトロな外観が良い背景に

手軽なご当地カフェチェーン
トースト・ボックス
Toast Box

オーチャード・ロード **MAP** 付録P6 B-2

シンガポール全土に展開し、朝早くから夜遅くまで営業する有名チェーン店。値段はいずれもリーズナブルで、定番のコピ、カヤトーストはもちろん、ラクサなどの軽食も提供。使い勝手抜群！

☎6509-9603 ㊂ノース・サウス線Orchardオーチャード駅直結 ㊟アイオン・オーチャード(→P.136)B4 ⏰7:30〜21:30 ㊡無休

オープンな雰囲気で、気軽に出入りできる

→小腹を満たすのにぴったりな中華菓子もいろいろ選べる

フードコート内の店舗で、女性の一人客も多い

カヤトースト
Kaya Toast
S$2
薄いトーストにカヤジャムとバターをサンドした、標準的なカヤトースト。コピを合わせるのがテッパン！

Yummy!

↑マグカップがうれしい、少し大きめサイズのコーヒー。ホットS$ 2.70、アイスS$3.20

101

CAFE

センスGOODなお店がずらり
おしゃれ最新カフェ ❺ 店

観光やショッピングの休憩なら、ゆっくりできるカフェがおすすめ。緑豊かな空間やテラス席など今の気分にぴったりなお店を選びたい。

⬆ しっとりしたスポンジとふわふわの生クリームの間にマスカットが並んだケーキ S$11.80

コーヒーの香りと極上スイーツ
カフェ・クレムス
CAFE KREAMS

チャイナタウン MAP付録P.16 C-4

毎日焙煎するハウス・ブレンドのコーヒーが評判。季節のフルーツたっぷりのホームメイド・ケーキは種類も豊富で味は絶品。コーヒー&デザートは18時までなので、スイーツがお目当ての方は時間に注意。

☎6226-2369 🚇イースト・ウエスト線Tanjong Pagarタンジョン・パガー駅から徒歩2分 🏠32 Maxwell Rd. 🕘9:00〜23:00、日曜、祝日12:00〜22:00 休なし

森の中にいる気分でスイーツをほおばる

⬆ 赤く色づくカエデや植物が店内を覆った、秋をテーマにした落ち着いたインテリア

⬆ 広いカウンター席、丸い大テーブル、木の椅子がおしゃれな空間を演出

一杯のコーヒーの全行程に携わる店

自社ブランドのコーヒー専門店
コモン・マン・コーヒー・ロースター
Common Man Coffee Roasters

クラーク・キー MAP付録P.9 D-2

豆の仕入れ、焙煎、粉砕、販売からバリスタ育成まで、すべてを担うコーヒー専門ブランドの直営カフェ。ヘルシーでリッチな朝食のほか、スムージー、サラダ、パスタやグリル料理などメニューも幅広い。

☎6836-4695 🚇トムソン・イースト・コースト線Great Worldグレート・ワールド駅から徒歩8分 🏠22 Martin Rd. 🕘7:30〜18:00 休なし

⬆ ビーフ・パテがマヨネーズ、バーベキューソースと絡み、チェダー・チーズがおいしさの決め手。S$29

開放的なオープンテラスでのんびり
プリヴェ
Privé

シティ **MAP** 付録P.12 C-3

修道院を改修したレストラン街「チャイムス」の中にある。アメリカンモダンなカフェメニューだけでなく、チキンライスなどのローカル料理も食べられる。おしゃれなオープンエア席でモーニングからディナーまで楽しめる。

☎6776-0777 ㊂各線City Hallシティ・ホール駅から徒歩5分 ㊐30 Victoria St., 1F-33 ⏰11:30(土・日曜、祝日10:30)〜20:30(金・土曜は〜23:00) ㊡無休

↑緑が豊かな中庭エリアにある

↑ポーチドエッグ、スモークサーモンにイングリッシュマフィンが付いたエッグロイヤルS$21

シティの中心にある緑の裏庭でリラックス
↑全席オープンエアで、夕方からは美しい夕空から星空への移り変わりがゆっくり楽しめる

都会の喧騒を離れて心静かに過ごしたい

↑リゾート地にいるかのような居心地のよさが魅力

美しい緑に癒やされるカフェ
ピーエス・カフェ
PS.Cafe

デンプシー・ヒル **MAP** 付録P.4 A-1

おしゃれなカフェとして知られるが、なかでも森に囲まれているハーディング・ロード店は、テラス席で森林浴をしながらゆったり食事を楽しめることで人気だ。朝早くから開いているのも魅力のひとつ。

↑ビーフステーキを挟んだ贅沢なサンドイッチS$32

☎9070-8782 ㊂ノース・サウス線Orchardオーチャード駅から車で7分 ㊐28B Harding Rd. ⏰8:00〜22:00(LO21:00)、金・土曜は〜22:30(LO21:30) ㊡無休  ※週末のブランチは予約不可

食事も美味なカジュアルカフェ
トゥエンティ・エイト・カフェ
Twenty Eight Cafe

リトル・インディア **MAP** 付録P.12 B-1

歴史的建造物に店を構えるカフェ。ボリュームある朝食メニューは閉店まで注文可。スイーツのほか、フィッシュ＆チップス、キムチ・ビーフ、親子丼など国際色豊かなラインナップも揃う。

☎9628-2829 ㊂ダウンタウン線Bencoolenベンクーレン駅から徒歩3分 ㊐28 Wilkie Rd. ⏰7:30(土・日曜8:00)〜16:30 ㊡なし

↑アボカド・スマッシュS$20。イチオシのブランチメニュー

↑ジャパニーズ・スフレS$18。季節のフルーツ付き

体と心にやさしい陽だまりの憩いの場
↑天井・壁・カウンター・テーブルと、すべて白で統一された店内

CAFE

アンティークとお茶の香りにほっとする
レトロな心地の中国茶館 ❸ 店

クラシカルな雰囲気のなかでゆったりとした時間を過ごしたい。
お茶に合う茶館ならではのお茶請けを味わいながら、くつろぎのひとときを満喫しよう。

英国女王が座った個室がおすすめ

⬆客室は中国式、韓国式、日本式など4タイプ。なかでも一番人気なのがクイーンズ・シート

伝統の中国茶を味わう
ティー・チャプター
Tea Chapter
チャイナタウン **MAP**付録P.16 A-3
中国式の茶道とも呼ばれる「品茶」を楽しめる茶館。茶葉はエリザベス女王にも提供されたウーロン茶・禦用黄金桂をはじめ、40種類以上。
☎6226-1175 / 6226-1917（茶館）
🚇イースト・ウエスト線Tanjong Pagarタンジョン・パガー駅から徒歩10分 📍No. 9 & 9A Neil Road 🕐11:00〜21:00(金・土曜、祝日〜22:30)
休なし 🍴（予約は平日のみ可）

2〜3階が客席。180席あり、シンガポール最大の茶館

混雑時でなければ、スタッフに頼むと作法を実演してくれる

1階は実際に店で使う茶器や茶葉を販売するショップ

⬆茶葉を練りこんだ7色クッキー茶淵精選香酥S$7はお茶請けにぴったり

104

中国茶の作法

1 茶葉を入れる
茶器を茶盆に並べてお湯で洗いながら温める。十分に温まったら適量の茶葉を茶壺(急須)に入れる。

2 お湯を注ぐ
ポットのお湯を茶壺に注いですぐ捨てる。その後再び茶壺にお湯を注いで、少し置いてから茶海へ移す。

3 聞香杯と茶杯
茶海で茶の濃度を一定にし、縦長の聞香杯に移す。その上に逆さにした茶杯をかぶせて香りを閉じ込める。

4 香りと味を楽しむ
聞香杯と茶杯を両手で押さえて反転し、茶杯に茶を移す。聞香杯に残る香りを楽しんでから、茶を味わう。

静かに時が流れる和みの空間
ティー・タイム
Tea Time

チャイナタウン **MAP** 付録P.16 B-2

緑茶・黄茶・白茶・紅茶。さらに発酵・焙煎工程によって異なる30種以上の中国茶をラインナップ。温水や冷水で淹れたお茶の深い味わいを堪能できる。軽食・点心・スナックも提供。

☎9111-5650 各線China Townチャイナタウン駅から徒歩2分 280a South Bridge 11:00〜21:00 なし

↑喧騒のチャイナタウンのビル2階にある風流な隠れ家的茶店

優雅な作法で注がれる極上の一杯が楽しめるサロン

↑水仙茶(Shui Xian)S$40。ほんのり甘い芳香が、心身ともにリラックスさせてくれる最高級茶

こだわり抜いた茶葉がくつろぎのひとときを演出

→お茶の種類にもよるが、3人ならS$20ほど

約30種類のお茶のほか茶器も扱っている

創業30年、お茶の魅力を発信
イーシン・シュエン・ティーハウス
Yixing Xuan Teahouse

チャイナタウン **MAP** 付録P.16 A-3

中国、台湾のお茶を扱い、テイスティングしながら好みのお茶を選べる。中国茶について楽しみながら学べるワークショップも行っている。

☎6224-6961 イースト・ウエスト線Tanjong Pagarタンジョン・パガー駅から徒歩5分 78 Tanjong Pagar Rd. 10:00〜20:00(金・土曜は〜21:30、日曜、祝日は〜19:00) 無休

→店主おすすめの台湾のウーロン茶、東方美人(100g)S$55

スイーツ
SINGAPORE SWEETS
魅惑いっぱいの南国の絶品たち

SWEETS
東南アジアのスイーツがこの国で進化！
独特のローカル・スイーツ 21種

南国らしいココナツやパイナップルをたっぷり使ったものから、ヘルシーな漢方デザート、暑さを吹き飛ばすアイスたちなど、シンガポーリアンも大好きな名物スイーツをチョイス。

S$5.60

ピーナッツ餡／ゴマ餡
白団子入りしょうがスープ A
2種の団子が入ったスープはジンジャーパワーで体が温まる

1切れS$1.50

オンゴル・ウビ C
タロイモを蒸したものにココナツをまぶしている。餅のような食感とココナツのやさしい味

S$10.70
チェンドルアイス A
ココナツミルクと小豆のハーモニーがたまらないご当地スイーツの進化形

抹茶アイス A
おなじみ、抹茶のアイスに小豆が合わさった和風の味
S$9.70

マンゴー・ストロベリーアイス A
欲張りな2フレーバー。アイスカチャンと違ってきめ細かい氷が特徴
S$10.70

S$25.80

ムーンパイ B
黒ごまやコーヒー、パンダンなどすべて違う味で8個入りの人気商品

S$5.40

ハーバルゼリー A
アジアの国々では提供する店も多い、ヘルシーな亀ゼリー

S$19

パイナップルタルト B
定番商品のパイナップルタルトは賞味期限が6週間と長めなのも◎。こちらは10個入りのボトルタイプ

S$20

コーヒークッキーS B
コーヒーのほろ苦さと香ばしいアーモンドの食感がベストマッチ

S$18

パイナップルタルト A
果実感がしっかり残った特製のパイナップルフィリング入り。10個入りの箱タイプ

ヴィヴィッドなスノーアイスの人気店
A 味香園甜品
Mei Heong Yuen Dessert
メイ・ヒョン・ユエン・デザート
チャイナタウン MAP 付録P.16 A-1
ふわふわなかき氷、スノーアイスをはじめ、50種類以上のスイーツがあり、写真付きメニューで注文しやすい。
☎6221-1156 Ⓜ各線Chinatownチャイナタウン駅から徒歩3分 ⌂63-67 Temple St. ⏰12:00～21:30 休月曜

やさしい甘さのパイナップルタルト
B エルイー・カフェ
LE Cafe
リトル・インディア MAP 付録P.10 B-4
シンガポールみやげの定番、パイナップルタルトの有名店。50年以上続く老舗で、こちらの本店のほか国内に2店舗あり。
☎6337-2417 Ⓜ各線Little Indiaリトル・インディア駅から徒歩8分 ⌂31/33 Mackenzie Rd.、1F-01 ⏰10:30～18:30（日曜、祝日は～16:30）休無休

ローカル・スイーツを気軽に楽しめる老舗
C ブンガワン・ソロ
Bengawan Solo
オーチャード・ロード MAP 付録P.6 C-3
1979年創業のスイーツ店。伝統のニョニャ菓子をお手ごろに楽しめる。パンダンシフォンケーキや、かわいらしい缶に入ったクッキーがおみやげとして人気。
☎6735-5391 Ⓜノース・サウス線Orchardオーチャード駅から徒歩5分 ⌂髙島屋シンガポール（→P.136）⏰10:00～21:30 休無休

S$4.80
黒糯米粥 加香草雪糕 D
バニラアイスとアーモンドスライスをちりばめた黒もち米のおしるこ風デザート

S$7.20
ドリアン・サゴ D
タピオカとココナツミルク入りで、ドリアンに抵抗がある人でもおいしく食べられそう

S$4
冰糖雪耳炖木瓜加杏仁糊 D
パパイアと白キクラゲ、松の実、杏仁豆腐などが入った甘くて温かいスープ・デザート

街角パンアイス
隠れた名物スイーツが路上でよく見かけるアイスクリームの屋台。一般的なコーンなどのほか、なんと食パンに挟んでもらうことができる。S$1程度。

街歩きのひと休みにぴったり。溶けたアイスをパンが吸収してくれる

S$7
ドリアン・フレッシュ E
アボカドのシェイクにクリーミーなドリアンの果肉を浮かべた贅沢なデザート

S$3.20
ボボチャチャ F
ココナツミルクたっぷりで、タロイモやサツマイモなどが入っている

S$3.80
愛玉桂花黒珍珠冰 F
台湾のデザート、オーギョーチーとタピオカのさっぱりした冷たいスイーツ

小 S$7.90
大 S$9.90
マンゴー・ビンス H
かき氷の上にマンゴーとアイスをのせ、フルーツソースをたっぷりかけた韓国風のかき氷

S$1.50
珍珠豆花 G
豆乳で作ったプリンのような食感で、タピオカをトッピング

椰果仙草 G
タピオカではなく、タピオカより低カロリーの仙草ゼリーを使ったデザート

S$1.50

S$0.70
S$0.70
パンケーキ G
ふわふわのパンケーキにココナツ、緑豆クリームがたっぷり。ピーナッツや小豆もある

中華系デザートの宝庫
D 阿秋甜品
Ah Chew Desserts アーチュウ・デザーツ
シティ MAP 付録P.13 D-2
かき氷から温かいスープ系のスイーツまで、約60種類のメニューを揃え、連日夜遅くまで混み合う人気店。
☎6339-8198 各線Bugisブギス駅から徒歩5分 #01, 1 Liang Seah St., 10/11 Liang Seah Place 12:00(日曜、祝日13:30)〜24:00(金曜は〜翌1:00) 無休

シーフードBBQが人気のホーカーズ
E ニュートン・フード・センター ▶P47
Newton Food Centre
観光客に人気で、フルーツジュースやスイーツの屋台も充実している。

人気のローカルフードが集結
F フード・オペラ ▶P48
FOOD OPERA
アイオン・オーチャード(→P.136)の地下4階にあるおしゃれなフードコート。

チャイナタウンの人気ホーカーズ
G マックスウェル・フード・センター ▶P47
Maxwell Food Centre
中国系を中心に行列ができる屋台も少なくない観光客に人気のスポット。

アジア各国の屋台が集まる
H ラオ・パ・サ・フェスティバル・マーケット ▶P46
Lau Pa Sat Festival Market
オフィス街にあり昼はビジネスパーソンのランチスポットとして賑わう。

SWEETS

地元で話題沸騰中のスイーツたち
今、巷で人気！進化系のスイーツショップ ❹ 店

見た目もおしゃれでかわいいスイーツから
こだわりの天然素材やスーパーフードを使った体が喜ぶものまで、
現地の日本人やローカルからも話題の4店をご紹介。

シンガポール発！噂のティラミス
ティラミス・ヒーロー
The Tiramisu Hero

リトル・インディア周辺 MAP 付録P.11 E-2

キュートな見た目と本格的な味が人気を呼ぶ、瓶入りティラミス元祖の本店。日本でも期間限定でポップアップなどが開催されてきたが、そのたびに完売する幻の味だ。本店ではパスタなどのランチメニューも豊富なので、小腹満たしにもうれしい。

☎6292-5271 ㊋イースト・ウエスト線Lavenderラベンダー駅から徒歩8分 ㊟121 Tyrwhitt Rd. ⏰12:00〜21:00（金曜は〜23:00）土曜10:00〜23:00 日曜10:00〜21:00 ㊡不定休 ※S$20〜のみ可

1. エスプレッソが効いた甘さ控えめの味わいがグッド　S$9〜12

2. ショップハウスの一角に位置する

3. スイーツだけでなくランチも提供

1.看板メニューのティラミス「ママヒーロー・オリジナル」 2.ブランドキャラクターのアントニオの顔が目印 3.本店ではアントニオのオリジナルグッズも販売。おみやげにぜひ 4.レジ前に立つ笑顔のアントニオ

体の中から美しく変身
プロジェクト・アサイー
Project Açaí

オーチャード・ロード MAP 付録P.6 C-3

オーガニックで新鮮なフルーツのみを使ったアサイーボウルを提供する、シンガポール初のスーパーフードカフェ。乳製品不使用・グルテンフリーなのでヴィーガンやベジタリアンの人も楽しむことができる。

☎なし ㊋ノース・サウス線Orchardオーチャード駅から徒歩5分 ㊟髙島屋シンガポール（→P.136）B2 ⏰11:00〜21:30（売り切れ次第終了） ㊡無休

1. 木や茶色をベースに使われたナチュラルな店内

オリジナル・フラワー・ボウル
一番人気のアサイーボウル。手ごろなハンディサイズはテイクアウトにピッタリ

・S$7.50（ハンディ）
・S$10.40（ミディアム）

話題のスーパーフードで旅の食べ過ぎもデトックス！

108

SNSでも話題の自然派ジェラート
バーズ・オブ・パラダイス
Birds of Paradise

カトン **MAP** 付録P.17 B-3

アイワンツー・カトンの近くにあるジェラート専門店。ハーブやスパイス、新鮮なフルーツを使った体にやさしく、珍しい味のジェラートが並ぶ。パステルカラーでナチュラルに彩られた店内もおしゃれ。

☎9678-6092 交アイワンツー・カトン（→P.63）から徒歩3分 所63 East Coast Rd., #01-05(Red House内) 営12:00～22:00 休なし J

1. タイムが練り込まれたオリジナルのコーンも人気 **2.**「ボタニカル」を意識した明るくヘルシーな雰囲気のおしゃれな空間

常時10種類以上のフレーバーが揃い、気軽に味見できる

週末は外まで列ができるほどの人気

・シングルS$5.50
・ダブルS$9

白菊 White Chrysanthemum
爽やかな香りが暑さを吹き飛ばす。カカオニブを加えて大人な味に

こだわりの自家製アイスクリーム
アピアリー
Apiary

チャイナタウン **MAP** 付録P.16 A-3

人工甘味料や着色料を使用しない、手作りの濃厚なアイスクリームが評判。クリスピーなワッフルとのセットが売れ筋。不定期にフレーバーが変わるので、行ってみてのお楽しみ。

☎6493-7273 交M各線Outram Parkオートラム・パーク駅から徒歩5分 所84 Neil Rd. 営12:00～22:00(LO21:30)、金・土曜は～23:00、LO22:30) 休無休 J

公式Facebookで新作も発表中、要チェック

1. 特製の屋台でイベントなどへの出張も **2.** プレーンやチャコールのワッフル（各S$8）と一緒にいただく

自家製チョコソースをかけて。おなじみ抹茶フレーバーも

ダークチョコレート／ブルーミルク／ジ・アピアリー／アールグレイ・ラベンダー
➡味は左上から時計回り。プレミアムフレーバーは上記に+S$0.50

・シングル各S$5
・ダブルS$9

日暮れとともに美しさを増す街で
ナイトスポット
SINGAPORE NIGHT SPOT

スモーク＆ミラーズの店内からマリーナベイ・サンズ方面を望む。テラス席もある

最上級のロマンティック！街の輝きを見ながら過ごす夜
夜景に見とれたい展望バー&レストラン ❹店

光輝く美しい夜のマリーナ・ベイエリアを望む眺望抜群のバーでは、開放的なテラス席や音楽イベントなどお楽しみはさまざま。店自慢のお酒や料理とともに、特別な夜を過ごしたい。

新しいカクテルに出合える
スモーク＆ミラーズ
Smoke & Mirrors
シティ **MAP**付録P.12 C-4

歴史的建築が美しい美術館の最上階にあるバー。新しい味を探求し続けるヘッドバーテンダーによる独創的なカクテルが楽しめるほか、ビールやワインも用意している。

☎9380-6313 Ⓜ各線City Hallシティ・ホール駅から徒歩5分 ⑰ナショナル・ギャラリー・シンガポール（→P.66）6F ⑲18:00（日曜17:00）〜24:00（木〜土曜は〜翌1:00）㊡無休

↑伝統的なシンガポール・スリング Robbery At The Museum。S$28

360度のパノラマを満喫
サウスブリッジ
Southbridge
クラーク・キー **MAP**付録P.14 B-1

屋上のバーからは国会議事堂、マリーナ・ベイ・サンズ、ラッフルズ・プレイスなど大迫力の夜景が迫る。カクテル、スピリッツ、ワインなどアルコールも豊富。シーフード料理が自慢。

☎6877-6965 Ⓜノース・イースト線Clarke Quayクラーク・キー駅から徒歩6分 ⑰80 Boat Quary, Level 5, Rooftop 049868 ⑲17:00〜24:00 ㊡無休

↑シンガポール川沿いのきらめく夜景が楽しめる

↑風を肌で感じる開放的な雰囲気

レベル33ではマリーナベイ・サンズをはじめ、小粒サイズのマーライオンまで見渡せる

高層階にあるブルワリー
レベル33
Level33

マリーナ MAP 付録P.15 D-3

金融センターの33階にあり、マリーナベイを見渡せる。伝統のクラフトビールは常に新しい技術を取り入れ、コンテンポラリー料理とマッチ。夜ならライトショーも展望できる。

☎6834-3133
🚇ダウンタウン線Downtownダウンタウン駅から徒歩5分
📍8 Marina Blvd., Marina Bay Financial Centre Tower 1 33F-01
🕐11:00〜23:00 休無休

↑最旬ビールの飲み比べができるテイスティングセットS$26.90

↑ドリンクのみの利用も可だが、早めの予約がおすすめ

↑3つのダイニングエリアに分かれている。シーンに合わせて

赤いランタンに由来
ランタン・ルーフトップ・バー
LANTAN ROOF TOP BAR

マリーナ MAP 付録P.14 C-2

バーの名前は、初期の移民者が船で上陸する際に目印とした岸辺の赤色のランタンに由来する。スタイリッシュなバーからはマリーナ・ベイ・ウォーターフロントが一望に見下せる。

☎3129-8229 🚇ダウンタウン線Telok Ayerテロック・アヤ駅から徒歩11分 📍80 Collyer Quay, 049326
🕐15:00〜翌1:00(金・土曜、祝日の前日は〜翌2:00) 休なし

↑ジンにフルーツリキュールを加えたフルトン・スリング

↑ランタン形の大きな楕円形のカウンターでカクテルを提供

NIGHT SPOT

さまざまな文化が交錯する夜の楽しみ
タイプ別におすすめ！個性あふれるバー 5 店

生演奏が楽しめるバー、エネルギッシュな南米の風を感じるバーなど、
それぞれの趣向で、シンガポールの夜を楽しく演出してくれる。

南米を感じる、トロピカルでカラフルな内装

おすすめドリンクのマルガリータ S$21

ラ・サルサ・アンド・チップス S$12。トルティーヤチップスに、6種類のディップとサルサソースが付く

金・土曜は、週替わりでライブバンドが入る

陽気なラテンの空気が流れる
ラ・サルサ・キッチン&バー
La Salsa Kitchen & Bar

デンプシー・ヒル MAP 付録P4 A-1

ラテン（南米）をテーマにしたレストラン・バー。緑に囲まれた一軒家風の店で、ラテン・カクテルや豊富なワインセレクションのほか、中南米の国々の味を再現した料理が評判。

☎6475-6976 ノース・サウス線Orchardオーチャード駅から車で9分
11 Dempsey Rd., #01-17
15：00～23：45（水曜は～24：00）
月曜

112

毎晩ジャズの生演奏が聴ける
ブルー・ジャズ・カフェ
Blu Jaz Cafe

アラブ・ストリート **MAP**付録P.13 E-2

小さなバーが軒を連ねるエキゾチックなアラブ・ストリート付近に店を構える。気取らない雰囲気のなか、毎晩ジャズ、ブルース、オールディーズなどの生演奏があり、ベジタリアン、ヴィーガン料理も楽しめる。

☎9710-6156 各線Bugisブギス駅から徒歩5分 11 Bali Lane 11:00〜翌1:00(金〜日曜は〜翌2:00) なし

狭い通りにあるテラス席は若者であふれる

↑ジャガイモと羊のひき肉を丸めて油で揚げたインド料理サモサはS$9.90。カクテルはスクリュードライバーS$15

店のモットーは美食、笑い、友人、音楽

日本人ソムリエによるバー
ラ・テール
La Terre

クラーク・キー **MAP**付録P.14 B-1

ソムリエの川合大介氏がプロデュースしたワインバー。洗練された空間で、ワインやウイスキーが楽しめる。川合氏に聞いて、好みと予算に応じたワインを選んでもらえるのもうれしい。

☎8030-8001 ノース・イースト線Clarke Quayクラーク・キー駅から徒歩5分 11 Upper Circular Rd., #01-01 17:00〜24:00 日曜、祝日

さまざまなお客と接して、人脈が広がるのも魅力

↑シックでおしゃれな店内。常連客も多く訪れる

↑アジア・ナンバーワン・ソムリエの称号を持つ川合大介氏

113

都市の喧騒を離れて、のんびり過ごせる

木々に囲まれた、南国特有のエキゾチックな雰囲気

イギリス領時代の面影を残す
コルバー
Colbar

ティオン・バル周辺 **MAP**付録P.2 C-3

コロニアル・バーの略名で、シンガポールがイギリス領時代だった1950年代に創業。内外装や装飾品に当時の趣が感じられる。イギリスのパブで親しまれているお酒やフードが充実。

☎6779-4859 Ⓜサークル線one-northワン・ノース駅から徒歩16分 所9A Whitchurch Rd. 営11:00〜22:00 休月曜

↑ソーセージ・エッグ＆チップスS$11(左)とフライド・ミー・イン・グレービー(右)S$7

イギリスのエールビールは大瓶で20種類ほど揃う

白を基調とした内装で、女性も入りやすいバー

ビール好きなら見逃せない
エスジー・タップス
SG Taps

チャイナタウン **MAP**付録P.16 A-3

シンガポールでも珍しいローカルクラフトビール専門店で、シンガポール産の希少なクラフトビール14種類を味わうことができる。日本人の熟練女性シェフによる創作料理も楽しみだ。

☎6904-8474 Ⓜイースト・ウエスト線Tanjong Pagarタンジョン・パガー駅から徒歩10分 所13 Duxton Hill #01-01 営12:00〜23:30(LO22:15) 休無休

4種類のクラフトビールを選んで、飲み比べも

↑生地から手作りされる、一番人気のラクサピザ S$21

↑奄美大島の名物・鶏飯風のチキンライス S$16

FIND YOUR FAVORITE ITEMS AND SOUVENIRS!

ショッピング

おしゃれな旅の思い出を

Contents

- 色とりどりの **エスニックな逸品** ゲット8店 ▶P118
- **シンガポール・デザイン** を手に入れる ▶P122
- SG女子お気に入りの **ファッション** 4店 ▶P124
- 世界の **コスメ** が大集合 5店 ▶P126
- 世界が認めた **ティーブランド** 4 ▶P128
- 喜ばれるおいしい **グルメみやげ** 4店 ▶P130
- **スーパー** でバラマキみやげ ▶P132
- **ムスタファ・センター** でエスニックみやげ探し ▶P.134
- **オーチャード・ロード** 行くべき **SC** ▶P.136

買い物で気をつけよう！ 欲しいものはここにある！

シンガポールの街は、一流ブランド品からアジア各地のプチプラアイテムまでバラエティ豊かなショップにあふれ、ショッピング好きにはたまらない。

基本情報

どこで買う？
世界中のブランドが揃うオーチャード・ロード、マリーナ・シティエリアは大型ショッピングセンターが充実。新しいモールが次々オープンしているブギスや定番のチャイナタウン、アラブ・ストリート、リトル・インディアなどのローカル色満載の店は、地域の生活や風俗風習も感じられる。

休みはいつ？ 営業時間は？
年中無休のところが多いが、旧正月の2日間は休業する店がほとんどなので注意。営業時間はデパートやショッピングセンターが10:00ごろ～22:00ごろまで。個人店は9:00ごろまたは10:00ごろ開店で、閉店はまちまち。

サイズ表示に注意
洋服のサイズはSML表示でも日本より大きい場合もあるので、必ず試着を。試着は店員に声をかけてから試着室へ。靴はアメリカやイタリアサイズ表示が多く、サイズ換算表を参考に。

お得情報

バーゲンの時期は？
毎年6～7月ごろに開催される「グレート・シンガポール・セール(GSS)」は年に一度の大セール。店によってセール期間は異なるが、高級ブランドからカジュアルブランド、家電や雑貨までありとあらゆる物がセール対象。旧正月前のセールや11月下旬からのクリスマスセールもある。

値引き交渉にトライ
値引き交渉が可能な店が多いのはチャイナタウンなどのみやげ物店。「まとめて買うから安くならない？」などと交渉してみて。デパートやショッピングセンターなどは固定価格なので交渉はできない。

セールのサインを知っておこう
たとえば「1 for S$2、6 for S$10」の表示は、1つでS$2で6つ買えばS$10という意味で複数買えば安くなるということ。「Buy 2 Get 1 Free」2つ買ったら1つおまけなどの表示もある。

入国時も空港免税店で買い物
チャンギ国際空港の免税店は、出発前でも到着後でも免税店で買い物が楽しめる。ブランドにコスメ、食品や衣類などの免税店があり、到着時に下見しておけば街なかの免税店と価格比較ができる。

eTRSを有効に活用しよう
免税加盟店で1回の購入時にS$100以上の買い物をした場合、店の人に免税申請の書類を作ってもらおう。帰国時に空港内のGSTのリファンドカウンターで手続きすれば、消費税の払い戻しを受けられる。カウンターで見せるものは、免税申請書類、レシート、未使用の購入品、航空券、パスポートの5つ。申請書類にeTRSと印字があれば電子認証システムの端末機械でも処理できる。還付率は2～6%。払い戻しは現金かクレジットカードを選択できる。

サイズ換算表

服（レディス）

日本		イギリス	フランス	アメリカ
5	XS	30	34	2
7	S	32	36	4
9	M	34	38	6
11	L	36	40	8
13	LL	38	42	10
15	3L	40	44	12

服（メンズ）

日本	イギリス	フランス	アメリカ
—	—	—	—
S	34	38	34
M	36	40	36
L	38	42	38
LL	40	44	40
3L	42	46	42

靴（レディス）

日本	ヨーロッパ	アメリカ
21.5	33	4.5
22	34	5
22.5	35	5.5
23	36	6
23.5	37	6.5
24	38	7
24.5	39	7.5
25	40	8
25.5	41	8.5
26	42	9

靴（メンズ）

日本	ヨーロッパ	アメリカ
24.5	39	6.5
25	40	7
25.5	41	7.5
26	42	8
26.5	43	8.5
27	44	9
27.5	45	9.5
28	46	10
28.5	47	10.5
29	48	11

パンツ（レディス）

日本(cm)	イギリス	フランス	アメリカ
58-61	23	32	23
61-64	24	34	24
64-67	25	36	25
67-70	26-27	38-40	26-27
70-73	28-29	42-44	28-29
73-76	30	46	30

パンツ（メンズ）

日本(cm)	イギリス	フランス	アメリカ
68-71	27	36-38	27
71-76	28-29	39-40	28-29
76-84	30-31	40-44	30-31
84-94	32-33	44-48	32-33
94-104	34-35	48-50	34-35
—	—	—	—

おすすめのシンガポールみやげ

マレーシアや中国、インド、アラブ、英国などさまざま文化が入り交じり、各民族のエッセンスを加えたアイテム揃えが魅力。自分用にバラマキみやげ用に、と迷いそうだが、とにかく種類は豊富。きっとお気に入り商品に出合えるはず。

プラナカン雑貨 ▶P59
ピンクにミントグリーンのパステルカラーのれんげや小皿などの陶器に、ビーズ刺繍のサンダルなど女子に大人気。

シンガポール・ブランド ▶P124
シンガポーリアン御用達のシューズ店やブティック、地元クリエイターの商品を扱うセレクトショップは注目。

ティーブランド ▶P128
シンガポール発のTWGは独自の茶葉を800種以上揃える人気店。1872クリッパー・ティーなど老舗茶葉専門店もチェック。

エスニック雑貨 ▶P118
シンガポール航空のCAのユニフォームとしても有名なバティックからアラブ香水瓶やインド・アイテムなど多彩。

シンガポール・コスメ ▶P126
無添加やオーガニックコスメが大ブーム。手ごろなアーユルヴェーダの石鹸、ヒマラヤのリップクリームなどが定番。

高級フード ▶P130
ジャニス・ウォンのチョコレートやクッキー・ミュージアムのクッキー、ラッフルズのカヤジャムなどがおすすめ。

シンガポールのショッピングエリア

繁華街に林立する大型ショッピングセンターは、効率よく買い物をしたい人に最適。幅広いジャンルのものを手に入れられるので、旅行のおみやげ探しにぴったり。また、エスニック・タウンや街なかから離れた郊外では思わぬ掘り出し物に出合えるかも。

流行を先取るショッピング通り
オーチャード・ロード — Orchard Road
高級ブランドのブティックや日系デパート、幾何学的な建物の巨大ショッピングセンターが立ち並ぶシンガポール随一の繁華街。 ▶P136

フォトジェニックなショップ
ティオン・バル — Tiong Bahru
レトロな街並みや建物を生かしながら現代風にアレンジしたおしゃれなベーカリー＆カフェや書店に雑貨ショップが点在する。 ▶P150

激安ショッピングセンター
リトル・インディア — Little India
24時間営業のムスタファ・センターは価格の安さに爆買い必至。コスメ雑貨、調味料やスパイスにお菓子などがおみやげに重宝。 ▶P134/P148

シノワなアイテムがずらり
チャイナタウン — Chinatown
カラフルなショップハウスや、アジアンテイストのプチプライス雑貨や伝統の中国工芸品などを扱う店が集まり、活気にあふれる。 ▶P120/P144

エキゾチックな雑貨巡り
アラブ・ストリート — Arab Street
マレーのバティックやアラブ香水瓶にトルコ雑貨など女子好みの店が勢揃い。個性派ショップが並ぶハジ・レーンも注目。 ▶P146

優雅なプラナカン雑貨にうっとり
カトン — Katong
パステルカラーのショップハウスに並ぶビーズ飾りのスリッパやアクセサリー、プラナカン陶器など乙女心をくすぐるものばかり。 ▶P62

SHOPPING

心にビンビンくるアイテムたち
色とりどりのエスニックな逸品をゲット 8店

多民族国家・シンガポールならではの、カラフルで繊細な模様が施された雑貨たち。エリア散策の際に立ち寄り、おみやげや日常使いにぴったりな一品を探したい。

繊細な香水瓶はすべてエジプト職人の手作り。だからひとつひとつ形が異なる一点モノ

巧緻な細工に見惚れる
アラブ香水瓶

ため息が出るほどきれいなガラスの香水瓶は、インテリアにもぴったり。

うっとりするほど繊細なハンドメイド香水瓶
ジャマール・カズラ・アロマティックス
Jamal Kazura Aromatics
アラブ・ストリート MAP付録P.13 E-1
1933年創業、3代続く老舗の香水店。もともとはムスリムのために作られたアルコール不使用の香水だったが、その香りの豊かさと持続性に着々とファンが増え、現在は周辺に3店舗展開。
☎6293-2350 各線Bugisブギス駅から徒歩10分 ㊋21 Bussorah St. ⌚9:30~18:00 無休
多くの種類が用意された香水から選んで瓶に入れてもらう

ドラゴン S$40
熟練の技術が要求される細い曲線のドラゴンは売り切れ御免

魚 S$20
インテリアとしてもかわいい、とぼけた顔のお魚デザイン

ブタ S$20
ユーモラスにお座りしたブタ型の香水瓶。カラーも数種類から選べる

蓮 S$70
蓮の花のデザイン。見る角度によって反射する光の色が変わる

キーリング S$18
バッグなどに付けて携帯できる、便利なキーリングタイプの香水瓶

好きな瓶と香水を選んで

ゾウ S$18
動物シリーズで不動の人気のゾウ。頭とボディで色が違うのもかわいい

アロマディフューザー S$30
キャンドルを置くタイプのアロマディフューザー。オイルも販売

118

無形文化遺産にも選ばれた
バティック

インドネシアの伝統的なろうけつ染めの布で、シンガポール航空のCAもこの柄に身を包む。

Ⓐ ケバヤ
S$680
ケバヤはインドネシアやマレーシアなどの伝統衣装で、こちらは高級品

Ⓐ ケバヤ
S$90
リーズナブルなケバヤ。好みの生地を選んでオーダーメイドも可能

Ⓐ ポーチ
S$35
カラフルな色づかいが特徴で花や葉などをデザインした手作りのポーチ

Ⓐ サロン
S$1800
ケバヤの下は、スカートかスカート代わりに3mほどの布を巻いたサロン

Ⓐ スカート
S$25
こちらは、サロンではなくスカート。生地によっても値段は変わる

Ⓐ バッグ
S$45
手作りながらしっかりとした作りなので、使い勝手もよさそう

Ⓐ 巾着
S$7
細やかなバティック柄が好評でシンガポールみやげとして人気

Ⓑ ワンピース
S$75
風通しが良く、涼しいワンピース。伸縮するので着心地も快適

Ⓐ 巾着
S$10
ちょっとした小物を入れるのにあると便利で、こちらもおみやげに人気

Ⓐ スカート
S$50
サイズを気にしなくていい巻きスカートも人気のおみやげ

Ⓑ バッグ
S$25
中のポケットまでかわいいトートバッグは、サイズもいろいろ

Ⓐ コースター
S$2
女性オーナーによるハンドメイドのカラフルコースターは色柄も豊富

Ⓐ 創業1940年の老舗バティック店
トコ・アルジュニード
Toko Aljunied
アラブ・ストリート MAP付録P.13 E-1
男女の衣装をはじめ、サロンやショールからファッション雑貨、テーブルクロスなど、バティック商品が豊富に揃い、みやげ小物も見つかりそう。
☎6294-6897 🚇各線Bugisブギス駅から徒歩10分 📍91 Arab St. ⏰10:30～18:00、日曜11:30～17:00 休無休

↑店頭には、エキゾチックなバティック商品がずらりと並ぶ

↑アラブ・ストリートの中ほど、緑の看板が目印

↑ケバヤに合わせて揃えたいリングはS$25で、2つ買えばS$45に

Ⓑ 名物おじいさんのバティック
ウェリー・バティック・ファッションズ
Wellie Batik Fashions
ホランド・ヴィレッジ MAP付録P2 C-3
40年もの誠実な営業が信頼を築き、今や世界中にファンがいる、インドネシア・バティックの老舗店。創業者ウェリーさんは90歳を超えても現役で製作中！
☎9171-5662 🚇サークル線Hollandヴィレッジ駅からすぐ 📍211 Holland Ave., #03-18 Holland Road Shopping Centre ⏰10:00(日曜、祝日11:30)～18:30 休無休

日本に配送もできます！

↑所狭しと並ぶバティック。生地から購入・特注も可

119

SHOPPING

色とりどりのエスニックな逸品をゲット8店

伝統の技でオンリーワンを
中国雑貨

シンガポールらしさがプラスされた開運グッズや本場の茶器は、自分用にもおみやげにもピッタリ!

B 急須 S$8
ウーロン茶やジャスミンティーをおいしく淹れる白地に青い絵柄の急須

B 茶碗 S$10
黄色とピンクが映える、花やゾウをモチーフにした小ぶりの湯呑み茶碗

A 花文字(額)
小 S$30(上)
大 S$40(下)
吉祥文様のほか、シンガポールの風景が描かれたものも

C ポーチ 各S$5
愛らしい小花の刺繍を丹念に施した、ソフトな肌ざわりの絹製のポーチ

C 箸置き 各S$7
水牛の骨を削って魚をかたどり、漆を塗って光沢を出した金と銀色の箸置き

C 小物入れ S$12
鮮やかなピンク地に黄色い梅の花を描いた漆塗りの古風な小物入れ

C コースター S$38
赤い梅の花を散らした木箱の中には、5枚セットのコースターを収納

A 世界にひとつだけのおみやげを
龍燕潭(茶荘)
Long Yan Tan International Tea Trading
ロン・イェン・タン

チャイナタウン MAP 付録P.16 A-2
風水で縁起のよい吉祥文様を使って文字にする中国の伝統芸術、花文字を描いてくれる。開運グッズとしてもオススメ。
 6224-9868 各線Chinatownチャイナタウン駅から徒歩5分 所 25, #01-07 Trengganu St. ※パゴダストリートとトレガヌストリート内店舗の一角で営業 営 10:00～20:00 休 無休

→あげる人の名前を入れてオンリーワンなみやげとしてプレゼントしても

B カラフルな雑貨が揃う
チャイニーズ・スーベニア・ショップ
Chinese Souvenir Shop

チャイナタウン MAP 付録P.16 A-2
マーライオンの絵柄が入った絵皿・マグネット・キーホルダー・紅茶、シンガポールにちなんだ小物、Tシャツなどのおみやげグッズが揃う。

 6372-0478 各線Chinatownチャイナタウン駅から徒歩5分 所 チャイナタウン・コンプレックス(→P.144) 営 10:00～17:00 ※店舗により異なる 休 なし

→1階のほぼ中央にある店舗

C 漆器や陶器が充実
ジェン・ギャラリー
Zehn Gallery

チャイナタウン MAP 付録P.16 B-1
優美な漆器や陶器が店内に所狭しと並ぶ。チーク材で仕上げた品々は14層の漆を塗って磨きをかける。絵画・絵皿・花瓶・小物入れなど、まさに芸術品。

 6222-2718 各線各線Chinatownチャイナタウン駅からから徒歩5分 所 1 Trengganu St. 営 10:30～21:00 休 無休

→入口は広くないが、奥行きのある店内の棚や壁に漆グッズが満載

120

素敵なキラキラ小物たち
インド雑貨

エスニックな雰囲気たっぷりのプチプライスなアイテムを、普段使いにもチャレンジしてみて。

Ⓐ ゾウのバッグ S$12
中央の赤いゾウが目を引くトートバッグは、大胆な色づかいが新鮮

Ⓐ まとめ箱セット S$10
シックな黒に色とりどりの装飾が映える。こちらも小物入れにぜひ

Ⓑ ピアス 各S$15
コーデのアクセントになるエスニックなピアスは、3つでS$30になることも

Ⓐ 鏡 S$4
コンパクトで使いやすい鏡。写真のレッドのほか、ブルーやグリーンも

Ⓑ ピアス 各S$5
リーズナブルなピアスは、まとめ買いしてその日の気分に合わせたい

Ⓐ ポットカバー S$58
インドで神聖視される動物であるゾウをモチーフにしたポットカバー

Ⓐ パール付き小物入れ S$12
ジュエリーを入れたり、インテリアとして使っても◎

Ⓐ ロングスカート 各S$28
アジアンテイストな曼荼羅のスカートはワンピースとしても使える

Ⓑ バングル(単体) S$10～
カラフルなバングルはバラ売りのほか、6種入ったセット入りS$20なども

Ⓐ ゾウのキーホルダー S$6
ひとつひとつ異なる柄のキーホルダーは手作り感がキュート

Ⓐ 小物入れ S$4
ストーンやラメで彩られた小物入れは緑のほか赤や青、紫などのカラーも

Ⓐ ディープなインドを満喫
リトル・インディア・アーケード
Little India Arcade

リトル・インディア MAP 付録P.10 C-4

セランゴーン通り沿いにあるアーケードで、雑貨やファッションアイテムなどを扱う小さな店が集まる。ハンドメイドのリーズナブルなアイテムが手に入りやすい。

☎6295-5998
交Ⓜ各線Little Indiaリトル・インディア駅から徒歩5分
所48 Serangoon Rd.
営休店舗により異なる

↑上記のほか、クッションカバーなどテキスタイルも多く揃える

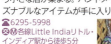
➡独特の装飾が施されたペン1本S$2はバラマキみやげにも最適

Ⓑ インド情緒あふれるマーケット
テッカ・センター
Tekka Centre

リトル・インディア MAP 付録P.10 B-4

リトル・インディア・アーケードの向かいに立つモールで、1階は食料品、2階では衣料品を扱う店が並ぶ。地元の人々も通う、リトル・インディアのランドマークだ。

☎店舗により異なる
交Ⓜ各線Little Indiaリトル・インディア駅から徒歩5分
所665 Buffalo Rd., Zhujiao Centre (Tekka Market)
営休店舗により異なる

↑本格的なエスニックデザインのファッションも手に入る

➡入口の外にまでアクセサリーがずらりと並ぶ

SHOPPING

伝統の柄やモチーフが発想力で魅力アップ

シンガポール・デザインを手に入れる

シンガポールゆかりのモチーフを使った雑貨から
ユニークなオリジナルデザインのものまで勢揃い！

A コースター S$28
朝食の食卓に並ぶモノをかわいくデザインしたガラス製コースター

A キーホルダー S$39
国のシンボルの観覧車やマリーナベイ・サンズをデザイン

A コットンリネン・ノートブック S$39
トロピカルな草花が自然とモダンを融合させたシンガポールを表現

A 名刺入れ S$59
シンガポール植物園、美術館、などがアクセント

B ポーチ S$6
プラナカンの民芸品の壺をデザインした鮮やかなポーチ

B マーライオンの置物 S$15
かわいらしいマーライオン・ファミリーの木彫りの置物

B 小皿3枚組 S$28
中国らしい鳳凰柄をはさんで両側に花柄皿を配置したアートプレート

B マーライオンの水彩画 S$5
店主のチョウさん自らが描いたマーライオンの水彩画。他多種あり

A 洗練された雑貨が買える穴場
オンレウォ
Onlewo
マリーナ MAP付録P.14 B-4

シンガポールの名所がデザインされたオリジナル商品や、おみやげにしやすい布小物が充実している。オーナーの接客も物腰やわらか。

☎ 9112-4685 交M ダウンタウン線Telok Ayerテロック・エアー駅から徒歩8分 所 6A Shenton Way, Unit 01-48 OUE Downtown Gallery 営 11:00～19:00（土曜は～15:00）休 日曜

B 別名、チョーさん雑貨の名で親しまれる
ファー・イースト・ファイン・アート
Far East Fine Art
オーチャード・ロード MAP付録P.6 C-2

店主チョーさんが流暢な日本語で接客。マーライオン・グッズやシンガポールの風景画など「他の店より、絶対お買い得！」と太鼓判。

☎ 6235-1536 交M ノース・サウス線Orchardオーチャード駅から徒歩6分 所 304 Orchard Rd. Lucky Plaza 3F 営 12:00～16:00 休 日曜

A ナプキン
伝統の朝食、コピ・カヤ・ロティを賑やかに描いたリネンのナプキン
S$23

C ポストカード
マーライオン、大観覧車などランドマークに白猫のデザイン
S$3.90

C プレート
各々フラワー、フェニックス、猫があしらわれたユニークな陶器皿
各S$42.93

C キーホルダー
シンガポールといえばマーライオン、迷ったときの定番みやげ
S$13.90

D 手ぬぐい
マーライオンのイラストが入った木綿の手ぬぐい
S$15

D 絵皿
マーライオンやスーパーツリー、グローヴなど名所を描いた絵皿
S$24
S$48

D 絵皿
青いマーライオンが映える絵皿
S$80

D コースター
ゴールドがひときわ映える紺色のシックなデザインの陶製コースター
各S$12

C 猫好きにうれしいショップ
キャット・ソクラテス
Cat Socrates
カトン MAP付録P.17 B-3

カトンにある雑貨、ステーショナリー、図書などを集めたショップ。猫をモチーフにした愛くるしいアイテムやポップな商品が揃う。

☎6348-0863 交アイワンツー・カトン(→P.63)から徒歩2分 所448 Joo Chiat Rd. 営10:00～18:00※変動あり 休月曜

D 日本の伝統工芸とのタッグ
スーパーママ
SUPERMAMA
ティオン・バル MAP付録P.4 A-2

有田焼とのコラボレーション作品や地元デザイナーの雑貨など、オーナーのこだわりとセンスが光るグッズを扱う。

☎9615-7473 交MTiong Bahruティオン・バル駅から徒歩25分 所213 Henderson Rd. 営11:00～18:00 休無休

SHOPPING

サンダルや靴がイチオシ！滞在中から大活躍
SG女子お気に入りのファッション ❹ 店

さまざまな人種と文化が入り交じるシンガポールには、ファッション感度も高い人が多い。
そんなローカル女子たちが贔屓にする、最新のショップたちを一気にご紹介。

↑ソリッドな色みで統一された店内

トレンドを押さえたラインナップ
チャールズ＆キース
Charles & Keith
オーチャード・ロード MAP 付録P6 B-2
シンガポール発のシューズブランド。
世界中に支店を持ち、日本にも進出
している。比較的リーズナブルだが、
ベーシックななかに遊びを効かせた
デザインで普段使いにもおすすめ。
☎6238-1840 Ⓜノース・サウス線
Orchardオーチャード駅直結
⚑アイオン・オーチャード（→P.136）B3
🕙10:00～22:00 ⚪無休

↑フロントの女性らしい花
飾りが素敵なサンダル

S$59.90
S$49.90

↑ブルーがアクセントに。マキシス
カートなどと合わせたい

S$69.90

↑イブニングに合わせる
ドレッシーなアイテムも

S$69.90

↑フロントの大きなリボンが
目を引くトランク型のバッグ

S$56.90

↑エナメル感のある素材とポップな色
みがおしゃれなキューブ型バッグ。縦
横それぞれ10cmほどでコンパクト

124

ユニークなデザインに出合える
プリティ・フィット
Pretty Fit

オーチャード・ロード **MAP** 付録P6 B-2

リーズナブルな値段と見た目にも楽しいキュートなデザインが人気の、シンガポール発シューズ、バッグブランド。次々新作が入る品揃えの豊富さも魅力。

☎6732-5997 ノース・サウス線Somersetサマセット駅から徒歩5分 ⌂435 Orchard Rd., B1-30/31 ⏰10:00～22:00 (金～日曜は～22:30) 無休

→オーチャードのモール、ウィスマ・アトリアに入る

→S$79.90
→S$79.90
→ちりばめられた花柄とクリスタルがかわいらしいメッシュのシューズ

→S$79.90
→サングラスをかけた猫がファンキー。ソールはエスパドリーユ風

→S$89.90
→レーザーカットが施されたアッパーとトレンドの厚底がポイント

↑フェミニンな色合いが女性に人気

天然素材のリゾートファッション
アイランド・ショップ
Island Shop

マリーナ **MAP** 付録P13 E-4

ヨーロッパから仕入れたコットンや麻の素材で作る着心地のよいウェアを取り揃えている。南国らしい明るく爽やかな色合いのものが多く、リゾート気分が高まること間違いなし。

☎8862-2011 サークル線Esplanadeエスプラネード駅から徒歩8分 ⌂6 Raffles Blvd, Marina Square内2F ⏰11:00～18:00 なし

→2階中央で目を引くショップ

→S$19.90
←原色ビーズをちりばめたカラフルなイヤリング

→S$29.90
→涼しげに輝く青いガラス細工のイヤリング

→S$39.90
→上品な黄緑色に黒の網目をあしらったストール

↑シックでおしゃれな品が揃う

シンガポール・デザインを発信
デザイン・オーチャード
Design Orchard

オーチャード・ロード **MAP** 付録P7 D-3

シンガポール・ブランドを集めたおしゃれでハイセンスなセレクトショップ。人気の靴下ブランドフレッシュリー・プレスド・ソックスは、大人用・キッズ靴下とも豊富に取り揃えている。

☎6513-1743 ノース・サウス線Somersetサマセット駅から徒歩3分 ⌂250 Orchard Rd. ⏰10:30～21:30 無休

→屋上には座れるスペースもあり休憩もできる

→S$15.90
←風船で空を飛んだ男の話からイメージ。遊び心あふれる靴下、カール

→S$15.90

→S$15.90
→こちらは「シンガポールシリーズ」の人気商品HDB(公共住宅)

→プラナカン文化にインスパイアされた柄のくるぶし丈靴下、ヘレン

↑衣類や雑貨、食料品なども販売

SHOPPING

各地の美の技をゼンブ手に入れよう
世界のコスメが大集合 ⑤ 店

シンガポール発のお手軽&ハイレベルコスメに、中国、インドの伝統美容を取り入れたコスメはコチラ。日本未発売のものは要チェック。

NVⅡフェイスマスク
コラーゲン配合アンチエイジングマスク
S$15.15

ドラッグストアコスメ
プチプラコスメの代表格。バラマキみやげにもおすすめだ。

guardian アロエジェル
100%アロエベラ。日焼けを鎮めたり、乾燥肌の改善に
S$5.30

幅広い品揃えでローカル御用達
ガーディアン
guardian
1972年にシンガポールで創業、国内に150店舗以上を展開。アジア各国のコスメなど幅広い品揃え。狙い目はオリジナルブランドだ！

営／休／店舗により異なる

Placentor Vegetal シャンプー
パラベンフリーのプラセンタシャンプー。日本未発売
S$24.20

リップ
インドで人気の小麦胚芽油入りリップバーム
S$4.15

Placentor Vegetal コンディショナー
シルクプロテインとプロビタミンB5で傷んだ髪を修復
S$24.40

アジア最大級のドラストチェーン
ワトソンズ
watsons
「美容と健康」がコンセプト。毎日に必要な薬や化粧品はもちろん、日用品や食品系まで販売。地元の人にも観光客にも人気。

営／休／店舗により異なる

SGブランドコスメ
シンガポールのコスメトレンドがわかる2店をピックアップ。

ユニークな自然派の高級ブランド
セフォラ
Sephora

オーチャード・ロード MAP付録P6 B-2
1979年創業。96年、パリのシャンゼリゼ通りに出店。その後アメリカで成功を収め、現在世界約3200店舗に拡大。革新的で多様性がある自社ブランドを次々に開発。
☎6509-8255 交Mノース・サウス線Orchardオーチャード駅から徒歩2分 所アイオン・オーチャード（→P136)B2 営10:00～22:00 休なし

Colorful Blush
パウダー
極細で軽いパウダーはシルク感覚。一日中、健康な発色を持続
●セフォラ
S$25

All in One Cream
フェイスクリーム
顔に輝きを与えるストロベリー色のオール・イン・ワン・クリーム
●セフォラ
S$25

Color Shifter
アイシャドウ
5色入ったミニ・アイシャドウパレット。ミラー付き
●セフォラ
S$27

Clean Skin Gel
洗顔ジェル
保湿性が高いアロエ配合、無香料の洗顔料
●セフォラ
S$26

Big by Definition
マスカラ
まつ毛を保護しながら、くっきりシェイプに
●セフォラ
S$26

ユニークでナチュラルな新コスメ
ポスト・カード
POST CARD

レッドヒル MAP付録P.4 A-2
固形シャンプーなど、斬新な商品が多数。天然素材を使っているので、肌に優しいアイテムが充実している。
☎8923-3765 交Mイースト・ウエスト線Redhillレッドヒル駅から徒歩25分 所1 Jln Kilang Barat, 7F-5 営9:00～18:00 休土・日曜

Powder Wash
パウダー・ウォッシュ
これ1本で洗顔、洗髪、ボディウォッシュまでできるすぐれもの
●ポスト・カード
S$29.90

Deodorant
デオドラント
汗をかいた瞬間に清涼感を感じられる
●ポスト・カード
S$26.90

Face Oil
フェイス・オイル
傷を癒やし、皮質を調整。美肌効果も期待できる
●ポスト・カード
S$55

漢方コスメ
自然の恵みを生かしたコスメ。自分の肌質に合ったものを選ぼう。

世界的に知られる漢方薬店
余仁生
Eu Yan Sang　ユーヤンサン

シンガポール西部 MAP付録P2 B-3
マレーシア生まれだが、シンガポール国内に多数の店舗を持ち、特に女性や乳児向けの漢方薬をはじめ、ハーブやコスメグッズなども扱っている。
☎6793-4195 交Mイースト・ウエスト線Boon Layブーン・レイ駅から徒歩7分 所1 Jurong West Central 2 営10:30～21:30 休なし

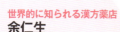

ツバメの巣シリーズ
免疫力を高めて健康を維持し、美肌効果が期待できる
各 S$90.80

活血鎮痛油
筋肉の疲れや痛みに、湿布の効果があるオイル

頚肩松油
肩のコリをほぐしてくれるが、ヒリヒリするので注意
S$12.50

正珍珠末
お湯に溶かして飲むハーブと漢方で、肌質を改善
S$19.90

SHOPPING

実は紅茶の国なんです。おしゃれなパッケージにも注目

世界が認めたティーブランド❹

かつてイギリスの植民地だったこの国は、高品質な茶葉のブランドが豊富な紅茶大国。カラフルな缶や箱は、おみやげとしても喜ばれること間違いなし。

日本でも大人気の紅茶が豊富に揃う
TWGティー・ガーデン・アット・マリーナベイ・サンズ
TWG Tea Garden at Marina Bay Sands

マリーナ MAP付録P.15 E-2

ティー・コンシェルジュが好みや希望に合った茶葉を選んでくれるティーガーデン店。定番からユニークなものまで100種類以上の茶葉からお気に入りが見つかるはず。

☎6565-1837 各路線Bayfrontベイフロント駅直結 ザ・ショップス・アット・マリーナベイ・サンズ(→P.34)B2-65/68A 10:00〜22:00(金・土曜は〜23:00) 無休

↑カフェスペースでは、アフタヌーンティーを楽しめる(予約が好ましい)

1837 ブラックティー
ティーバッグの箱と缶のセット S$48

エターナル・サマー・ティー
50g S$12.50〜
ルイボスティーベースの上品な味わい

50g〜の量り売りでは好きな缶に入れてくれる

シルバームーンティー
ティーバッグの箱と缶のセット S$48
バニラのやさしい香りとすっきりとした飲み口が特徴

紅茶に合わせてマカロンS$2〜も！

日本に未進出の紅茶ブランド
1872クリッパー・ティー
The 1872 Clipper Tea Co.
オーチャード・ロード **MAP** 付録P6 B-2

1872年にシンガポールで創業したジュエリー店が前身。フレーバーが豊富で、ハーブやフルーツを使ったオリジナル・ブレンドの紅茶が人気。パッケージデザインもおしゃれ。

☎6509-8745　Ⓜノース・サウス線Orchardオーチャード駅直結　所アイオン・オーチャード（→P.136）B4　⏰10:00～22:00　無休

トラベル・ジャーナル
S$28
8つのフレーバーが楽しめる売れ筋No.1の紅茶セット

トラベル・ラゲッジ
S$37
こちらも人気で、ハーブや緑茶など8つのフレーバー

コールド・ブリュー・ティー
S$26
アイスティーがおすすめのほんのり甘い水出し紅茶

↑紅茶やギフト商品が60種類ほどあり、テイスティングもできる

フレンチ・アールグレイ(右)
ピーチ・ルーズ・リーフ(左)
100g 各S$29
いずれもアイスティーにするとよりおいしく飲める

ティーウェアも品揃え充実

メルボルン発祥の紅茶専門店
ティーツー・ティー・サンテック・シティ
T2 Tea Suntec City
シティ **MAP** 付録P.13 E-3

紅茶、ハーブティー、緑茶、中国茶など約200種類もの茶葉を揃えるオーストラリアで人気のブランド。ロゴ入りの四角い箱が目を引き、オリジナルの器具なども販売している。

☎6835-9115　Ⓜサークル線Esplanadeエスプラネード駅、各線Promenadeプロムナード駅直結　所3 Temasek Blvd., Suntec City West Wing 1F-340　⏰11:30～21:30　無休

カップとティーポット
S$90
カップの上にティーポットを乗せられる一体型

ティーカップ&ソーサー
S$42
爽やかなミントカラーで、モダンなデザイン

↑テイスティングもできるので、風味を確認してから購入できる

スーパーでも購入できる
香り高いフレーバーが特徴
グリフォン・ティー
Gryphon Tea

2006年創業で日本未進出ブランド。数々の受賞歴がありシンガポール内の高級ホテルやレストランでも取り扱っているほど。1箱の中にティーリーフを包んだサシェが個別包装され、20袋入っている。

↑ミントとレモングラスの緑茶で、飲んだ際の清涼感が特徴

↑マリーゴールドとラベンダーを配合したカモミール茶

↪ジャスミンとモロッコローズの緑茶は人気のフレーバー

↩10種のフレーバーが入ったトレジャーズ。個別包装されているのでバラマキみやげに最適

購入できるお店はこちら
コールド・ストレージ髙島屋店
Cold Storage
フェアプライス・ファイネスト
FairPrice Finest
伊勢丹スコッツ
Isetan Scotts
すべて詳細はP.133参照

  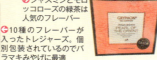

↑ラグジュアリーホテルでも提供されるほど

129

SHOPPING

大事な人に贈りたいハイクオリティ！
喜ばれるおいしい**グルメみやげ** 4 店

超有名パティシエの作るスイーツから厳選されたオーガニックな素材を使ったものまで、どれもひと味違う逸品をセレクト。ちょっと奮発して、とっておきのおみやげをプレゼントしよう。

芸術的なチョコレートに注目
ジャニス・ウォン
Janice Wong

シティ MAP 付録P.12 C-3

アジア最優秀パティシエの受賞歴もあるジャニス・ウォン氏によるチョコレート専門店。「食べられるアート」をテーマにしたオリジナルチョコレートが多数揃う。

☎9233-7547 Ⓜ各線Orchardオーチャード駅から徒歩7分 ⌂290 Orchard Rd, Singapore Delivery B1 🕒10:00～21:00（金～日曜は～22:00）無休

⬆シンガポール内には4店舗ある

チョコレート・クレヨン
S$38（8個入り）
彩り豊かな8種のチョコレート。一緒に付いている食用のライスペーパーに描画できる

シグネチャー・シンガポール・シリーズ
S$96（25個入り）
王道から変わり種まで、多彩な味のチョコレートが楽しめる

シグネチャー・シンガポール・シリーズ
S$25（5個入り）
25個入りのほか、5個入りや9個入りなど少量でも販売

チョコレート・ペイント・ジャー
各S$12～
チョコレートのペンキ。クッキーのディップなどにぴったり

名門ホテルで選ぶおみやげ
ラッフルズ・ブティック
Raffles Boutique
シティ **MAP** 付録P.13 D-3

ラッフルズ シンガポール（→P.40）内のショップ。オリジナルのおみやげから、ホテルセレクトのものまで充実の品揃え。カフェスペースも併設されている。

☎6412-1143
🚇各線 City Hall シティ・ホール駅から徒歩3分 🏠ラッフルズ・アーケード1F
🕐10:00〜22:00 休無休

紅茶（アールグレイ） S$34
ラッフルズブランドの紅茶。アールグレイのほかにもさまざまな茶葉を用意

カヤジャム
S$14
ココナツミルクと卵で作られた人気の一品

←値段が日本語で書いてあるのもうれしい

↑大切な人へのおみやげ探しにぴったりのショップ

台湾発のパイナップル・ケーキ
サニー・ヒルズ
Sunny Hills
オーチャード・ロード **MAP** 付録P6 C-3

名物のパイナップル・ケーキは、天然バターと小麦粉を使って焼き上げた生地内に台湾中部で採れた完熟パイナップルのジャムが入っており、一度食べるとやみつきに。

☎8522-9605 🚇ノース・サウス線 Orchard オーチャード駅から徒歩5分 🏠高島屋シンガポール（→P.136）B2-27A 🕐10:30〜20:00 休無休

↑箱入りでの販売は5個入り、10個入りがある

パイナップル・ケーキ
S$16.50（5個入り）〜
ほどよい甘さのパイナップルジャムとバター風味のクッキーとの相性が抜群

↑高島屋の地下2階に店舗を構える

華やかな高級クッキー専門店
クッキー・ミュージアム
The Cookie Museum
シティ **MAP** 付録P3 F-2

チキンライスやラクサなど、シンガポールの名物を再現した「ヘリテージ・シリーズ・クッキー」が人気。マカダミアナッツなど定番商品も。

☎6749-7496 🚇各線 City Hall シティ・ホール駅から徒歩8分 🏠252 North Bridge Rd, Raffles City B1
🕐11:00〜21:00 休無休

←ショッピングセンターのラッフルズ・シティ内に店を構える

シャンパン・ライチ
S$29
シャンパン、ライチ、マカダミアナッツのクッキー

パンダン・シフォン
S$49
パンダンで色付けした、軽いシフォンケーキ味

SHOPPING

Merlion
マーライオングッズ
やっぱり外せない街の顔は、おみやげの定番。

A マーライオンチョコ
S$3.75
ミルクチョコとマカダミアナッツ

A チリプラウンロール
S$4.65
エビを春巻風に包んで揚げた定番のお菓子。甘いものが苦手な人にも

C マーライオンドリアンチョコレート
S$2.20
独特の香りもチョコと一緒なら食べやすい!?

B マーライオンティー(缶)
S$7.90
レトロなシルバーの缶に入った紅茶

BC マーライオンティー
S$5.90
シンガポールフライヤーなど、名所を描いた箱絵がおしゃれ

B マーライオンマンゴークッキー
S$5.90
8袋入りが4箱入ったお得なセット。形ももちろんマーライオン

たくさん選んで楽しい！見るだけでも楽しい！
スーパーでバラマキみやげ
手ごろな価格で見た目もグッドなおみやげを探すなら、やっぱりスーパーが便利。シンガポールらしさ満点の商品を厳選してご紹介。

A カップヌードル
各S$1.85
ラクサ、チリクラブ、スパイシーシーフードなどご当地フレーバーが勢揃い！

Instant Food
インスタント食品
現地のあの味が手軽に再現できる優れもの。

A トムヤム・キューブ
S$2.15
トムヤムクンが簡単に作れる固形スープの素

A カリーヌードル(左)、ラクサヌードル(右)
各S$12.90
日本人にも人気の高いプリマテイストのインスタントラーメン

B バクテーの素(左)、ラクサペースト(右)
各S$3.47
アワビの缶詰で有名な「ニュー・ムーン」のペースト

C ラクサの素(左)、バクテーの素(中)、チリクラブの素(右)
各S$5.95
名物グルメをお手軽に！

B 出前一丁
S$2.30
食欲をそそるガーリックチキン味は日本未発売

Snacks
お菓子
これぞ南国！パッケージも人気の秘密。

Ⓑ マンゴーグミ
S$1.90
マンゴーらしい果汁感をたっぷり感じる「cocoaland」のグミ

Ⓒ エッグロール パンダンココナツ
S$19
サクサクとした食感が人気の「五谷豊」のエッグロール

Ⓒ ドリアン キャンディ
S$6.50
ドリアンスイーツの専門店が作る濃厚なキャンディ

Ⓒ ニョニャ ブラウンロール
S$3.50
かわいらしいプラナカン建築のパッケージ

Ⓐ ハイチュウ マンゴー
S$1.40
おなじみのお菓子も南国らしいマンゴー味に！

Ⓒ パイナップルタルト
S$8
「五谷豊」のタルトはほどよい甘酸っぱさが◎。プラナカン風な色づかいの箱もキュート

Seasoning
調味料
ひと匙加えて、いつでもシンガポール気分に。

Ⓒ ヤ・クンの カヤジャム
S$5.20
人気店ヤ・クン(→P.100)のカヤトーストが自宅でいつでも食べられる

Ⓒ マーマレード
S$15
シンガポール発「ストレーツ プリザーブス」のジャムはトロピカルな味わいがたくさん！

Ⓒ チキンライス・ チリ・ソース
S$2.90
にんにくとしょうがが効いたソースはチキンライスと相性抜群◎

Ⓐ ドリアン・カヤ
S$5.45
名物ドリアンのフレーバー入りカヤジャム。この味がクセになるかも

Ⓒ ジンジャー ソース
S$6.80
有名店「スープレストラン」のジンジャーチキンに使われているソース

Ⓒ チキンライス・ ダーク・ソヤ・ソース
S$2.70
チキンライスに付きものの甘辛い黒いソース

Ⓐ ピッタリなおみやげが見つかる
コールド・ストレージ髙島屋店
Cold Storage
オーチャード・ロード MAP 付録P.6 C-3

1903年にシンガポール初のスーパーマーケットとして開業したパイオニア的な存在。輸入品が充実しており、在住外国人にも人気が高い。

☎6735-1266 ⓂノースΣサウス線 Orchardオーチャード駅から徒歩5分 髙島屋シンガポール(→P.136)B2 10:00～21:30 無休

Ⓑ 手ごろな価格でローカルにも人気
フェアプライス・ファイネスト
FairPrice Finest
チャイナタウン MAP 付録P.16 A-4

シンガポール島内に100を超える店舗を展開する有名スーパーマーケット。地元の人が日々使う食材のほか、日替わりのお買い得品も多い庶民派。

☎6224-5703 Ⓜイースト・ウエスト線 Tanjong Pagarタンジョン・パガー駅から徒歩5分 1 Tanjong Pagar Plaza 24時間 無休

Ⓒ 何でも揃う安心の日系デパート
伊勢丹スコッツ
Isetan Scotts
オーチャード・ロード MAP 付録P.6 B-2

40年以上続く老舗デパート。地下1階にある食料品売り場は豊富な品揃えで、お菓子や茶葉などみやげ用の食品がまとめられており便利。

▶P.136

グルメ｜カフェ｜スイーツ｜ナイトスポット｜ショッピング｜歩いて楽しむ｜リラックス&ステイ

SHOPPING

> リトル・インディアにある激安ショッピングの迷宮

ムスタファ・センターで エスニックみやげ探し

広い店内のすみずみまで所狭しと並ぶ、あらゆるジャンルの雑多な品々。活気とモノにあふれたカオスな空間でお宝探し気分を味わおう。

迷路のような店内は、商品と買い物客であふれている

24時間営業の巨大スーパー
おみやげのまとめ買いはココで
ムスタファ・センター
Mustafa Centre

リトル・インディア MAP 付録P.11 D-3

インド系のメガストアで、地下2階から地上4階まで、衣料、アクセサリー、コスメ、食品、家電、書籍、生活雑貨など何でも揃う。リーズナブルな料金設定で、プチプラコスメやファッション、おみやげ用のお菓子などもまとめ買いできる。

↑リトル・インディアのランドマーク的な存在

☎6295-5855 ㊈ノース・イースト線Farrer Parkファーラー・パーク駅から徒歩約5分 ㊟145 Syed Alwi Rd. ㊅24時間 ㊆無休

各入口には警備員がいて、入店の際は万引き防止のため、バッグや袋等は開かないように留め具で固定される

フロアマップ

4F	文房具・書籍・車用品など / 駐車場
3F	調理用具・インテリアなど / トイレ用品など
2F	お菓子・食品・旅行かばんなど / 生鮮食品・香辛料など
1F	時計・コスメ・CDなど / コスメ・香水・生活用品など
B1	サリー・衣料品・靴など / 貴金属・アクセサリー
B2	おもちゃ・ベビーグッズなど / 家電

見るだけでも楽しい
clothes 衣料

エキゾチックなレディスファッションからメンズ、キッズまで品数豊富。

→日本人にはやや大きめだが、軽快で動きやすいクルタ
S$29.90

S$532.50

←エスニック感あふれるバティックのバッグ

→インドならではの独特の配色で異国ムードが満載

→ヒジャブなどイスラム教徒の衣装も販売

↓サリーはオーダーメイドにも応じてくれる

→ブレスレットは1つS$8で、4つ買うとS$25

134

品数の多さに圧倒
cosmetics/medicines
コスメ・医薬品

安さが魅力のインドやシンガポール・ブランドも。プチプラコスメの殿堂。

← 頭痛や鼻づまりなどさまざまな症状に効くマックスのオイルは清涼感マックスだ
○S$1.50

○S$1.15

○S$0.80

○S$1.50

○S$1.50

→ シナーのハーバルミックス・アーユルヴェーダ石鹸

○S$1.90

← 売れ筋、オリーブオイル配合のハンド＆ボディクリーム

○S$1.50

← エリップスの洗い流さないヘアトリートメントはおみやげにも人気

→ ココナッツオイルとハーブを配合。泡立ちのよいアーユルヴェーダ石鹸

○S$1.50

→ チョコレートを配合したアーユルヴェーダ石鹸

→ 頭痛、筋肉痛、虫刺されなどに効くシンガポール家庭の常備薬タイガーバーム

○S$4.60 ○S$0.90 ○S$0.90

まとめ買いがお得
foods
食品

お茶やスナック、スパイスなどのほか、おみやげ用のお菓子が充実。

主役はマーライオン
Souvenirs
おみやげ

マーライオングッズをはじめ、シンガポールならではのグッズの宝庫。

→ マーライオンのダークチョコレート、たくさん買うと安くなる
2個 S$4.50

○S$10.50

→ 噴水の色が変わるマーライオンのオルゴール

→ チョコ、ドリアン、パイナップルなどがあるマーライオンのクッキー
○S$4.90

○S$9.90

→ 米粉などでできた生地を揚げたインドの伝統スナック、ムルク
○S$3.20

→ マーライオンのキーホルダー型の爪切り

← 金色に光るマーライオンが豪華なマーライオンチョコシルバー缶箱(S)

○S$2.50

→ ステンレス製のレンゲスプーン、屋台の思い出に
○S$0.50

○S$7.80

→ シンガポールの名所がパッケージになったチェッカーズのミルクチョコレート(160g)

→ シンガポール観光の記念になるマグカップ
○S$6.90

← ミネラル豊富なピンク岩塩、ヒマラヤ・クリスタル・ソルト
○S$2.90

135

SHOPPING

ショッピング以外にも楽しみいっぱい
オーチャード・ロードで行くべきSC

流行の発信地、オーチャード・ロードの両側に林立するショッピングセンターには、フードコートや館内アートなど買い物以外も楽しめるポイントが充実。

↑有機的な曲線を描くSFチックな外観が目を引く

オーチャードエリアのランドマーク
アイオン・オーチャード
ION Orchard
オーチャード・ロード MAP付録P6 B-2
オーチャード駅直結の巨大ショッピングモール。果実をテーマに作られた、ガラス張りのファッショナブルな建物内には、300以上の人気店舗がずらり。時間を忘れて一日中ショッピングを楽しめる。
☎6238-8228 ㊋ノース・サウス線Orchardオーチャード駅直結 所2 Orchard Turn 営10:00〜22:00 休無休

こんな施設があります
- フード・オペラ（フードコート）P48
- トースト・ボックス（カフェ）P101
- チャールズ＆キース（ショップ）P124

おみやげ探しの強い味方
髙島屋シンガポール
Takashimaya Singapore
オーチャード・ロード MAP付録P6 C-3
百貨店と専門店街からなるショッピングセンター。高級ブランドからシンガポールならではのブランドまで、数多くのショップが揃う。地下1階の「FOOD VILLAGE」もおいしい店が多くおすすめ。
☎6738-1111 ㊋ノース・サウス線Orchardオーチャード駅から徒歩5分 所391 Orchard Rd. 営10:00〜21:30 休無休

安心感のある日系百貨店
伊勢丹スコッツ
Isetan Scotts
オーチャード・ロード MAP付録P6 B-2
おなじみの百貨店、伊勢丹のシンガポール店。2階には地元発の雑貨、地下1階には現地のお菓子やコスメが豊富に揃っている。ファッションブランドも多数入る。
☎6733-1111 ㊋ノース・サウス線Orchardオーチャード駅から徒歩5分 所350 Orchard Rd., Shaw House 営10:00〜21:00 休無休

↑日本の商品も多く扱っている

多くのモールが立ち並ぶ、ショッピングの中心地

←日本の食品や銘菓が豊富な地下1階売り場

こんな施設があります
- コールド・ストレージ髙島屋店（スーパー）P133
- ブンガワン・ソロ（スイーツ）P106
- プロジェクト・アサイー（スイーツ）P108

←おみやげにぴったりな、きれいなボックスに入ったヤ・クンのカヤジャムも

活気あふれるディープなモール
ラッキー・プラザ
Lucky Plaza

オーチャード・ロード **MAP** 付録P6 C-2

洗練された高級ショップが集まるオーチャード・ロードの中でも異彩を放つモール。リーズナブルな食事や衣類が豊富で、ローカルや観光客で賑わう。

☎6235-3294 ❖Ⓜノース・サウス線Orchardオーチャード駅から徒歩5分 ㊂304 Orchard Rd. ⊕9:00～21:00（店舗により異なる）㊡店舗により異なる

こんな施設があります
- ラッキー・チキンライス（レストラン） ▶P84
- ファー・イースト・ファイン・アーツ（雑貨）
- アジア・エングレーヴィング・ストア（雑貨）

↑航空会社のタグ風のおみやげを販売

←レトロな雰囲気が漂う老舗。500以上の店舗が集まる

一流ブランドから地元の老舗まで、各種ショップが勢揃い！

洗練されたラグジュアリーなSC
パラゴン
Paragon

オーチャード・ロード **MAP** 付録P6 C-2

ハイブランドショップが軒を連ねる、高級感漂うショッピングセンター。地下には有名なレストランやカフェもあり、買い物や食事も楽しめる。

☎6738-5535 ❖Ⓜノース・サウス線Orchardオーチャード駅から徒歩5分 ㊂290 Orchard Rd. ⊕10:00～22:00 ㊡無休

こんな施設があります
- 三盞両件（レストラン） ▶P94
- 鼎泰豊（レストラン）
- ↑開放感あふれる吹き抜け

そのほかのショッピングセンター

ローカル気分を味わうなら
ファー・イースト・プラザ
Far East Plaza

オーチャード・ロード **MAP** 付録P6 C-1

メイン通りから少し離れた場所にあり、地元の人に愛される老舗のモール。600店以上が揃う。

☎6734-2325 ❖Ⓜノース・サウス線Orchardオーチャード駅から徒歩5分 ㊂14 Scotts Rd. ⊕10:00～22:00 ㊡無休

ギャラリーのような異色のSC
オーチャード・セントラル
Orchard Central

オーチャード・ロード **MAP** 付録P7 E-3

各階にさまざまなアーティストの作品が置かれ、屋上庭園も備える。日系ショップも多数。

☎6238-1051 ❖Ⓜノース・サウス線Somersetサマセット駅から徒歩3分 ㊂181 Orchard Rd. ⊕11:00～22:00 ㊡無休

シンガポールのトレンドを探しに
313＠サマセット
313@Somerset

オーチャード・ロード **MAP** 付録P7 D-3

サマセット駅直結のショッピングセンター。大手ファストファッションが集まり、若者に人気。

☎6496-9313 ❖Ⓜノース・サウス線Somersetサマセット駅直結 ㊂313 Orchard Rd. ⊕10:00～22:00（金・土曜は～23:00）㊡無休

エンタメも揃い一日楽しめる
プラザ・シンガプーラ
Plaza Singapura

オーチャード・ロード **MAP** 付録P7 F-3

ドービー・ゴート駅直結のショッピングセンター。ファッションやレストラン、映画館まで充実。

☎6332-9248 ❖Ⓜ各線Dhoby Ghautドービー・ゴート駅から徒歩3分 ㊂68 Orchard Rd. ⊕10:00～22:00 ㊡無休

ローカルの生活を支える
パークウェイ・パレード
Parkway Parade

カトン **MAP** 付録P.17 B-3

イースト・コースト・パークの近くに位置。飲食やスーパー、ダイソーも入っており買い物に便利。

☎6344-1242 ❖アイワンツー・カトン（→P.63）から徒歩5分 ㊂80 Marine Parade Rd. ⊕10:00～22:00 ㊡無休

セントーサの景色も楽しめる
ヴィヴォシティ
VivoCity

セントーサ島周辺 **MAP** 付録P.19 D-1

あらゆるショップが入る、シンガポール最大級のモール。日本人建築家によるデザインもユニーク。

☎6377-6870 ❖Ⓜ各線HarbourFrontハーバーフロント駅直結 ㊂1 HarbourFront Walk ⊕10:00～22:00 ㊡無休

SHOPPING

施設の中には大迫力の滝が！

夜は滝はライトアップされる

時間を作って訪れたい！
ジュエルでおみやげ探し

チャンギ国際空港に併設した大型の複合商業施設は、その充実ぶりに、空港から出なくても満足してしまうかも。

注目ショッピングモール
ジュエル
Jewel Changi Airport
チャンギ MAP付録P3 F-2
空港内の複合商業施設で、ショッピングだけでなく、空港のアーリーチェックイン窓口や数時間から利用できる宿泊施設など、旅行者向けの設備が充実している。
☎6956-9898 Ⓜイースト・ウエスト線Changi Airportチャンギ・エアポート駅から徒歩5分 ⓐ78 Airport Blvd.
⏰24時間、店舗により異なる 休無休
🌐www.jewelchangiairport.com

↑ガラスと鉄でできた外観は宝石のよう

各ターミナルからのアクセス方法
ターミナル1からは1階到着ロビー、ターミナル2・3からは2階出発ロビーに連絡通路で、徒歩でアクセス可能。ターミナル4からはターミナル2へのシャトルバスを利用する。

注目店をチェック！

4F ポケモンセンター シンガポール
Pokémon Center Singapore
日本国外では、アジア初となるポケモンセンター。ポケモンのぬいぐるみや文房具、キーホルダーなど、各種グッズが豊富に揃う。限定品もあるのでぜひゲットしよう。
☎なし ⏰10:00～22:00 休無休

24時間営業している店舗もあり！

→マーライオンのように水を吐くギャラドス

↑ピカチュウはラプラスに乗ってお出迎え

→ファンならば必ず訪れたいスポット

人気店の支店も多数

1F ブンガワン・ソロ
Bengawan Solo
☎6513-7091 ⏰9:00～23:00 休無休
▶P106

B1 チャールズ＆キース
Charles & Keith
☎6584-0271 ⏰10:00～22:00 休無休
▶P124

B2 余仁生 ユーヤンサン
Eu Yan Sang
☎6245-7618 ⏰10:00～22:00 休無休
▶P127

B2 ワトソンズ
watsons
☎6284-5649 ⏰10:00～22:00 休無休
▶P126

1F バイオレット・オン
Violet Oon
☎9834-9935 ⏰11:00～22:00(LO21:30) 休無休
▶P61

AREA WALKING

歩いて楽しむ

新旧の街並みに異国情緒

Contents

白亜のコロニアル建築が
歴史を語る **シティ** ▶P.140

賑やかにナイトエンタメ満喫
クラーク・キー＆ボート・キー ▶P.142

屋台グルメとショッピングストリート
チャイナタウン ▶P.144

エキゾチックな雑貨天国
アラブ・ストリート ▶P.146

インド文化が息づく極彩色の街
リトル・インディア ▶P.148

レトロな街が新しいカルチャーの発信地に
ティオン・バル ▶P.150

色濃い緑に包まれた大人のくつろぎタイム
デンプシー・ヒル ▶P.151

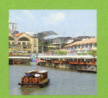

AREA WALKING

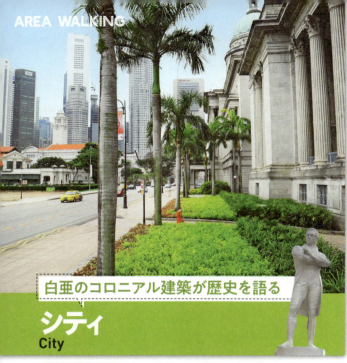

白亜のコロニアル建築が歴史を語る
シティ
City

シンガポール発展の礎を築いたラッフルズが上陸したエリア。現在も行政の中心地として、最先端の建物がそびえる一方、重厚な歴史的建築物も多く残っている。

MAP 付録P.13

由緒正しい建物や博物館を巡りながらシンガポールの歩みに思いを馳せる

英国の小説家サマセット・モームが「東洋の貴婦人」と称したラッフルズ シンガポール（→P.40）が優雅に立つ。泊まらずとも憧れのホテルの雰囲気を味わいたいと、「ティフィン・ルーム」や「ロング・バー」を訪れる世界中の観光客で賑わう。周辺にはラッフルズ卿ゆかりの聖アンドリュース大聖堂や白亜の西洋建築が偉容を誇る博物館や美術館が点在。2015年にオープンした「ナショナル・ギャラリー・シンガポール（→P.66）」は、旧市庁舎と旧最高裁判所の2つの建物をリニューアルした世界最大級のアート・ギャラリー。充実の展示は見逃せない。ルーフ・トップ・バーもあり、マリーナ・ベイ越しにマリーナベイ・サンズ（→P.30）が正面に見えて眺望抜群。修道院の建物にハイセンスなレストランが集まる「チャイムス」は、インスタ映え定番スポットとして人気だ。

★徒歩時間の目安

ナショナル・ギャラリー・シンガポール
徒歩2分
ラッフルズ上陸記念の地
徒歩11分
ラッフルズ シンガポール
徒歩10分
富の泉

アクセスと交通

Ⓜ ノース・サウス線／イースト・ウエスト線 City Hallシティ・ホール駅
Ⓜ サークル線 Esplanadeエスプラネード駅
Ⓜ サークル線／ダウンタウン線 Promenadeプロムナード駅

シンガポール発展の出発点
ラッフルズ上陸記念の地
Sir Stamford Raffles Landing Site

MAP 付録P.14 B-1

1819年、英国の東インド会社の官吏であったスタンフォード・ラッフルズ卿が上陸した場所。白いラッフルズ像の周囲には「シンガポール」の名付け親であるサン・ニラ・ウタマ（→P.173）など、5人の偉人の像が立つ。

☎なし 交Ⓜ各線City Hallシティ・ホール駅から徒歩10分 所Empress Place 時休料見学自由

➡高層ビルを背景に立つラッフルズ像。近くのアジア文明博物館前にはオリジナルの黒い像もある

シンガポール最大の教会であるセント・アンドリュース大聖堂

↑ラッフルズ シンガポール
（→P.40）

富の泉で願い事
金運アップのパワースポット
「富の泉」は風水に基づいて造られた世界最大級の大噴水。5本の指に見立てた5つのビルの真ん中に「気」を集めて金運を呼ぶ。噴水に右手でさわりながら3周すると願いが叶うという。

↑風水に基づいて決められたといわれるゴンドラ数は28個で定員も28人

アジア最大の観覧車
シンガポール・フライヤー
Singapore Flyer
MAP 付録P.15 F-1
最高到達地点165mの高さから街を360度見渡せる観覧車。エアコン付きカプセルで夜景ディナー付きプランは、カップルや家族連れに人気。
▶P.39

グルメ / カフェ / スイーツ / ナイトスポット / ショッピング / 歩いて楽しむ / リラックス&ステイ

141

AREA WALKING

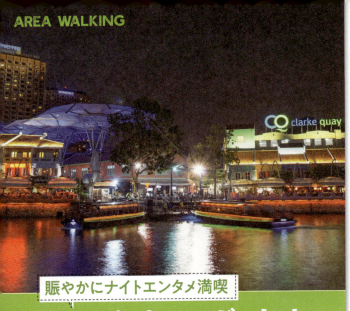

賑やかにナイトエンタメ満喫

クラーク・キー&ボート・キー
Clarke Quay & Boat Quay

バーやクラブ、エンタメスポットが集まる、シンガポール随一のナイトスポット。川沿いのおしゃれなレストランや最新アトラクションなどでシンガポールの夜を満喫したい。

MAP 付録P.14

古い倉庫街が彩り豊かな光に包まれる華やかな一大ナイトスポットに変身

シンガポール川沿いにレストランやクラブ・バーが立ち並ぶシンガポール屈指のナイトスポット。かつては倉庫街だった一帯を再開発したエリアで、夕暮れからまるで万華鏡のような景色に一変する。青、紫、ピンク、黄色とライトアップされる巨大な屋根に覆われたストリートやUFOのような形のオープンテラスが並ぶレストランは、まさに非日常空間。エキサイティングなクラブで踊り明かすもよし、ワイワイ飲み交わすのにも絶好のロケーション。気軽に利用できるファストフード店もあり、世界各国のフードを食べ歩くのも楽しい。リバーサイドでは時速200kmで上空60mに放り上げられる逆バンジージャンプなど、ド派手なアトラクションも最高潮だ。河口のマーライオン・パークへ向けて川沿いの散策や、クルーズを楽しむのもよいだろう。

★徒歩時間の目安

ジーマックス・リバース・バンジー
徒歩4分
エルギン・ブリッジ
徒歩7分
フラトン
徒歩6分
ジュビリー・ブリッジ
徒歩3分
マーライオン・パーク

アクセスと交通

Ⓜ ノース・イースト線Clarke Quayクラーク・キー駅
Ⓜ ダウンタウン線Fort Canningフォート・カニング駅

↑古い倉庫を改装した店内。世界にも名をとどろかすシンガポール屈指のクラブだ

老舗エンターテインメント・クラブ
ズーク
Zouk

MAP 付録P.12 A-4

世界的に有名なDJが出演する老舗クラブ。テクノやハウス音楽にポップなどの3エリアがあり、比較的若者が多く集まる。盛り上がるのは翌1時ごろから。

☎9006-8549 Ⓜノース・イースト線Clarke Quayクラーク・キー駅から徒歩10分 ⓘ3C River Valley Rd., The Cannery ⓗ22:00〜翌3:00(土・日曜、祝日は〜翌4:00) 休月・木・日曜 料男性S$30〜70、女性S$20〜55

↑遊歩道沿いには木々が植えられており、豊かな緑に囲まれての散策ができる

市民が憩う都会のオアシス
フォート・カニング・パーク
Fort Canning Park
MAP 付録P.12 A-3

マレー王や英国植民地時代に要塞だった地。戦史を伝えながら、今は遊歩道が整備された芝生の丘で各種イベントが開催される市民の憩いの場。
☎1800-471-7300(国立公園局) 交Mダウンタウン線Fort Canningフォート・カニング駅からすぐ 所Cox Terrace 開休料散策自由

↑フラトン(→P.161)

美しい建物や橋を眺める水上散策
シンガポール川 リバー・クルーズ
Singapore River Cruise
MAP 付録P.14 A-1(乗り場)

小さなボートに乗り、川沿いを40分かけて昔と今の変貌の様子を感じながら進む。予約は不要で8カ所の乗り場から気楽に乗船可能。▶P.38

・ナショナル・ギャラリー・シンガポール P.66
★エルギン・ブリッジ
シティ
・国会議事堂
エルギン・ブリッジは一番最初に架けられた橋
P.140 ラッフルズ上陸記念の地●
ラ・テール P.113
・アジア文明博物館
↓リバー・クルーズ乗り場
シンガポール川リバー・クルーズ
★ヒーローズ
シンガポール川
近くのフラトン・ホテルとともに印象的な姿を見せるアンダーソン・ブリッジ
アンダーソン・ブリッジ
カヴェナ・ブリッジ
リバー・クルーズ乗り場
フラトン
P.98 コートヤード
ジュビリー・ブリッジはマリーナベイ・サンズやマーライオン・パークを望む名所
★ジュビリー・ブリッジ
エスプラネード・ブリッジ
★マーライオン・パーク
リバー・クルーズ乗り場
・ワン・フラトン
マリーナ・ベイ
・OCBCセンター
・ワン・ラッフルズ・プレイス
ラッフルズ・プレイス駅
チャイナタウン
モンティ P.39

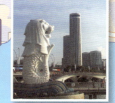

↑マーライオン・パーク(→P.152)

↑料理はパブ定番のものからアジア料理まで幅広いラインナップ

ライブ演奏が楽しめるパブ
ヒーローズ
Hero's
MAP 付録P.14 B-2

昼はスポーツ・バー、夜は併設されたライブスタジオでの生ライブやトークショーなどで夜遅くまで盛り上がるパブ。飲み放題プランも対応可能。
☎6438-6058 交Mノース・イースト線Clarke Quayクラーク・キー駅から徒歩5分
所69 Circular Rd. 営17:00～翌3:00、土曜18:00～翌4:00 休日曜

世界中のパリピが集う
ズークアウト

人気DJの音と光で弾ける

「Zouk」主催のダンス・ミュージック・フェスティバル。毎年12月、会場のセントーサ島のビーチは世界各国からの2万人もの観客で、夜通し盛り上がるメガイベントだ。

AREA WALKING

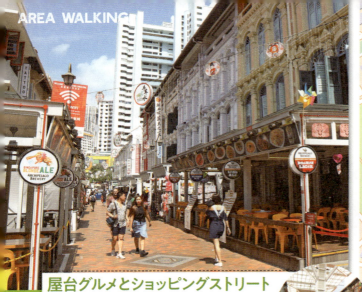

屋台グルメとショッピングストリート

チャイナタウン
Chinatown

中国系の移民が集まって形成された繁華街。ノスタルジックな寺院の見学や、熱気あふれるストリートでのグルメやショッピングなど、楽しみ方は多彩だ。

MAP 付録P.16

建物やストリート、見る物すべてに多民族国家の魅力が詰まったエリア

　食べ物がうまくて、しかも安いローカルフードや買い物が楽しめる。観光客で賑わうパゴダ・ストリートは、パステルカラーのショップハウスにみやげ物、雑貨、民芸品、衣料品などを揃えて色鮮やか。物価の高いシンガポールでS$1～2で買える商品もあり驚かされる。漢方専門店やマッサージ店も盛況だ。フード・ストリートと呼ばれるグルメ通りは、行列覚悟の人気店など多彩なローカルフードの店や屋台がおいしそうな匂いをふりまく。テーブル席など清潔感があり、屋台が苦手な人でも利用しやすい雰囲気だ。また、チャイナタウンの中心を走るサウス・ブリッジ・ロード沿いには、300mほどの間にイスラム教、ヒンドゥー教、仏教と異なる宗教の寺院がそびえ立ち、同時に多文化を体験することができる。

★徒歩時間の目安

- チャイナタウン・コンプレックス
  徒歩3分
- ブッダ・トゥース・レリック寺院
  徒歩8分
- ティアン・ホッケン寺院
  徒歩7分
- スリ・マリアマン寺院
  徒歩2分
- チャイナタウン・フード・ストリート

アクセスと交通

Ⓜ ノース・イースト線／ダウンタウン線Chinatownチャイナタウン駅

Ⓜ ダウンタウン線Telok Ayerテロック・アヤ駅

コスパ最高のローカル食
チャイナタウン・コンプレックス
Chinatown Complex

MAP 付録P.16 A-2

地階は市場、1階は雑貨・日用品などを扱う庶民的なマーケット＆フードセンター。2階の屋台街は種類豊富なローカルフードで地元の人で賑わう。

🏠店舗により異なる 🚇各線Chinatownチャイナタウン駅から徒歩5分 📍335 Smith St. ⏰10:00～22:00(店舗により異なる) 🚫店舗により異なる

↑2階の屋台街。昼どきや週末、人気店には長蛇の列ができる

ブッダの歯を祀る中国寺院
ブッダ・トゥース・レリック寺院
Buddha Tooth Relic Temple

MAP 付録P.16 B-2

4階建ての絢爛豪華な中国寺院。ミャンマーの寺院で発見された仏陀の歯を納めるために建立された。仏教博物館があり珍しい仏陀の遺物などを展示。

📞6220-0220 🚇各線Chinatownチャイナタウン駅から徒歩10分 📍288 South Bridge Rd. ⏰7:00～17:00 🚫無休 💰無料

↑見学者は一般公開されているエリアからのみ拝観できる

最も古い道教寺院のひとつ
ティアン・ホッケン寺院
Thian Hock Keng Temple
MAP 付録P.16 C-2

航海の神・天后聖母（媽祖）を祀る19世紀中ごろに建立の道教寺院。線香の香りが漂う境内は、中庭を中心に配した空間構成が美しい。本殿近くは撮影禁止になっている。

☎6423-4616 ダウンタウン線Telok Ayerテロック・アヤ駅から徒歩5分 158 Telok Ayer St. 7:30～17:00(最終入場16:45) 無休 無料

↑1973年に国家史跡に指定され、文化遺産保存建築物としてユネスコアジア太平洋文化遺産賞など、4つの建築賞を受賞

↑ラオ・パ・サ・フェスティバルマーケット(→P.46)

←ピンク色がかわいいナゴール・ドゥルガー寺院

↑ラオ・パ・サ横のブーン・タット・ストリートは夜にはサテ屋台が出て大賑わい

↑現存する建築物の大部分は、インド人の職人たちが1862～1863年に建てた

迫力満点のヒンドゥーの神々
スリ・マリアマン寺院
Sri Mariamman Temple
MAP 付録P.16 B-2

国内最古のヒンドゥー寺院。病気を治す女神を祀る。極彩色のヒンドゥーの神々や聖獣が彫刻された15mもの高さの「ゴープラム(大塔門)」に圧倒される。

☎6223-4064 各線Chinatownチャイナタウン駅から徒歩10分 244 South Bridge Rd. 5:00～11:30、17:00～20:45(金曜は～21:15) 無休 無料(内部を撮影する場合はS$3～が必要)

各宗教の寺院があるのはなぜ？
調和と共存の多民族国家

仏教徒の多いチャイナタウンにヒンドゥー教の寺院やモスクがあるのは、建国当初はインド人居住区だったため。各宗教の信者がともに暮らし、互いに敬う多民族国家ならでは。

↑パステルカラーのジャマエ・モスク

AREA WALKING

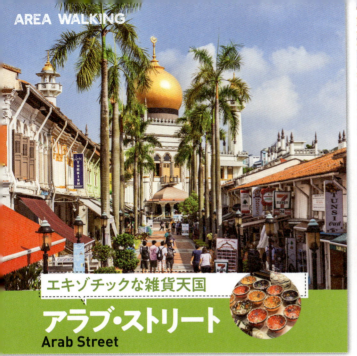

エキゾチックな雑貨天国
アラブ・ストリート
Arab Street

マレー系、インド系の商人により発展してきた街。イスラム教の文化が色濃く残り、荘厳なモスクや、多種多彩な雑貨店が魅力だ。若者に流行のスポットも見逃せない。

MAP 付録P.13

イスラム文化と最新トレンドが混在した刺激に満ちているショッピング街

　シンガポール最大のイスラム寺院・スルタン・モスクのお膝元。モスクの正面にあたるブッソーラ・ストリートは歩行者天国になっており、バティックやシルクなどのマレーの衣料品店、ペルシャ絨毯に香水やランプなどアラビアンなショップが軒を連ねる。細い裏通りのハジ・レーンはトレンドに敏感なローカルの若者が集うスポット。個性的なセレクトショップやカフェ・バーが並び、インスタ映え必至の迫力満点のウォールアートも見どころ。日本人にはなじみが薄いモスクから聞こえるコーランに耳を傾けながら、珍しいムスリムの生活雑貨をゆっくり品定めできるのもこの街ならでは。 名物のマレー風の濃厚なミルクティー、テタリや伝統的なマレー料理にトルコ料理なども試してみたい。

★徒歩時間の目安

スルタン・モスク
徒歩2分
ジャマール・カズラ・アロマティックス
徒歩4分
ブッソーラ・ストリート
徒歩4分
ハジ・レーン
徒歩8分
ブギス・ジャンクション

アクセスと交通

Ⓜ イースト・ウエスト線／ダウンタウン線Bugisブギス駅

トレンドなセレクトショップが並ぶ
ハジ・レーン
Haji Lane

MAP 付録P.13 E-2

ファッションや雑貨にカフェなど、新鋭オーナーたちの個性的な店が並ぶ通り。アーティスティックに飾られたショップハウスの街並みも注目の的。
☎なし 交Ⓜ各線Bugisブギス駅から徒歩5分 所Haji Lane 休無散策自由

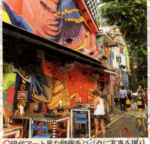

↑現代アート風の壁画をバックに写真を撮り、インスタに載せる人も多い

↑インターコンチネンタル（→P.160）

イスラム独自の習慣に注意

見学は神聖な気持ちで

モスク見学は礼拝の時間に配慮して、入口で靴を脱ぎ、肌の露出が目立つ人はガウンを借りて。サングラスや帽子もとりたい。

↑ジャマール・カズラ・アロマティックス(→P.118)

↑まるでおとぎ話のなかに飛び込んだような異国情緒あふれる美しい建築

アラブ・ストリートのシンボル
スルタン・モスク
Sultan Mosque

MAP 付録P.13 E-1

黄金色に輝くドームが美しい。5000人が礼拝できる壮麗で厳かな内部の様子を回廊から見学することができる。お祈りの時間は入場禁止。

☎6293-4405 ㊟各線Bugisブギス駅から徒歩10分
所3 Muscat St. 開土～木曜10:00～12:00、14:00～16:00 休金曜 料無料

地図内注記:
- リトル・インディア
- ロチョー運河
- ジャラン・ベサール駅
- マラバール・モスク
- 青いタイル貼りが印象的なマラバール・モスク
- ヴィクトリアSt.
- MRTイースト-ウエスト線
- マレー・ヘリテージ・センター
- スルタン・モスクの裏手にはレストランが並ぶ
- スルタン・モスク
- モスク正面のブッソーラ・ストリートにはみやげ物店や飲食店が並ぶ
- ブッソーラ・ストリート
- Bagdad St.
- ジャマール・カズラ・アロマティックス
- Arab St.
- バグダッドSt.
- Bussorah St.
- P.119 トコ・アルジュニード
- パークビュースクエア
- ハジ・レーン
- P.113 ブルー・ジャズ・カフェ
- デュオ・ギャラリア
- ブギス駅
- ブギス・ヴィレッジ
- ブギス・ジャンクションは若者向けの店が並ぶモール
- ★ブギス・ジャンクション
- North Bridge Rd.
- Ophir Rd.
- ビーチRd. Beach Rd.
- オフィアRd.
- ニコルHwy.
- 阿秋甜品 P.107

テタリに舌鼓

乾いた喉にうれしい甘さ

テタリは紅茶とコンデンスミルクを混ぜた甘いミルクティー。高い位置からグラスへ注ぐパフォーマンスが有名。ホットとアイスがある。

アラブ・ストリートでおみやげ探し

女子好みの雑貨がたくさん

バティックなどの布製品に洋服と小物、絨毯にトルコタイルやランプに香水瓶にアロマなど、おみやげにもインテリアにも活躍しそうなエキゾチックな雑貨がずらり。

AREA WALKING

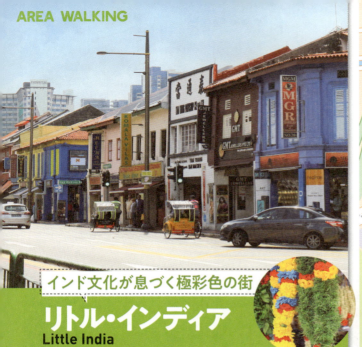

インド文化が息づく極彩色の街
リトル・インディア
Little India

民族衣装をまとったインド人が多く行き交うエスニック街。色鮮やかな寺院に、さまざまな食材やグッズを扱うショッピングセンターに、インドらしさを垣間見ることができる。

MAP 付録P.10

インドの文化が凝縮されたエリアで豊かな色彩や生活の香りにふれる

　原色に塗られたショップハウスや壁一面のストリートアートなど、インド色豊かなポップな街並みは独特。スパイスの香りが流れる目抜き通りのセラングーン・ロードを散策すれば、サリー、金製品、ヘナタトゥーの店にインド雑貨店、お供えの線香や花輪飾りなどの店がずらり。街並みに混在するヒンドゥー教寺院、中国寺院、モスクなどでもインド系住民の普段の生活が垣間見える。超ローカルなインドの雰囲気を堪能したいなら、テッカ・センターや24時間営業のディスカウントストアのムスタファ・センターなどをのぞいてみたい。食品、香辛料、コスメ、電化製品、民族衣装まで何でも揃う。また、南インドのベジタリアン料理や、北インドのタンドリー料理など本格派のインド料理にも出会える。

★徒歩時間の目安

テッカ・センター	
徒歩1分	
リトル・インディア・アーケード	
徒歩3分	
スリ・ヴィラマカリアマン寺院	
徒歩6分	
ムスタファ・センター	

アクセスと交通

Ⓜノース・イースト線／ダウンタウン線Little Indiaリトル・インディア駅
Ⓜノース・イースト線Farrer Parkファーラー・パーク駅

奥深いヒンドゥー教の神々
スリ・ヴィラマカリアマン寺院
Sri Veeramakaliamman Temple
MAP 付録P.10 C-3

殺戮と破壊の女神カーリーを祀る。極彩色の神々を飾るゴープラム（塔門）や祭壇のシヴァやガネーシャなどが見どころ。土足厳禁。午後の開門時間に注意。
☎6295-4538 ⓜ各線Little Indiaリトル・インディア駅から徒歩7分 ⊕141 Serangoon Rd. ⓗ7:30～11:30、18:30～20:30 ⓗ無休 ⓔ無料

↑1881年インド・ベンガル地方から移住してきた労働者によって建てられた寺院

↑日本ではなかなか見られない食材を探しながら歩くのもおもしろい

インドの食材と服が買える
テッカ・センター
Tekka Centre
MAP 付録P.10 B-4

1階は食料品とホーカーズ。2階はインド服や雑貨などが格安＋品揃え抜群。日本でも普段着にできるパンジャビ・ドレスや子供服はおすすめ。
P.121

→ドリアンはMRTへの持ち込みは禁止。ホテルによっても持ち込みができないので注意

→主神であるヴィシュヌとその10の化身の彫像もじっくり拝観したい

北東の千燈寺院には大きな仏像が祀られている

↑建物内の壮麗な天井画や祭壇画は必見

国の重要文化財に指定

スリ・スリニヴァサ・ペルマル寺院
Sri Srinivasa Perumal Temple
MAP 付録P.11 D-2

宇宙を維持するヴィシュヌ神を祀る。高さ18mのゴープラム(塔門)に施された10の化身の彫刻が見事。

☎6298-5771 ㊋ノース・イースト線Farrer Parkファーラー・パーク駅から徒歩5分
㊟397 Serangoon Rd. ㊐5:00～11:00(土・日曜は～11:30)、18:00～20:30(土曜17:30～21:00) ㊡無休 ㊮無料

メインストリートはセラングーン・ロード。週末にはインド系の人々が集まり大混雑

サイド・アルウィ・ロードには、飲食店が並ぶ

↑ムスタファ・センター (→P.134)

生活必需品が大集合

リトル・インディア・アーケード
Little India Arcade
MAP 付録P.10 C-4

テッカ・センターの向かい側にある。民族服、雑貨、CD、化粧品など多彩に揃え、ヘナタトゥの店もある。観光客も多いのでおみやげの種類は豊富。

P.121

↑きらびやかに装飾された小物などインドグッズを扱う店も充実

サリーに挑戦!

インドの代表的な女性用民族衣装

日本でもパーティドレスとして注目のサリー。テッカ・センターでは色鮮やかなサリーがいっぱい。旅行会社などでは本場の衣装の着付け、メイクなどの体験プランもある。

AREA WALKING

ティオン・バル
Tiong Bahru

レトロな街が新しいカルチャーの発信地に

素朴な暮らしと最先端のトレンドが共存するエリア。昔ながらの住宅街に、ハイセンスなカフェやショップが立ち、話題のエリアとして地元の人たちの関心度も高い。

MAP付録P.8

趣深い建築物と個性的ショップが融合
近年、若者たちからの人気を集める街

センスが光るカフェやショップが増え、おしゃれなシンガポーリアンからの注目度が上昇中。見どころは1930年代に建てられた客船を思わせる丸みを帯びたラインのアール・デコ風低層HDB（公共団地）とショップとのコラボ。ベーカリー、カフェ、雑貨店、書店など、店主のこだわり商品を居心地のよい空間で提供してくれる。

アクセスと交通
Ⓜ イースト・ウエスト線 Tiong Bahrュティオン・バル駅

↑サンドイッチやクロワッサンが並ぶ
フランスの香りのクロワッサン
ティオン・バル・ベーカリー
Tiong Bahru Bakery
MAP付録P.8 C-4

著名なフランスのパン職人ゴントラン・シェリエ氏が手がけたカジュアルなカフェで連日大盛況。人気は、大きくふっくらした絶品のクロワッサン。

☎6220-3430 交Ⓜイースト・ウエスト線 Tiong Bahruティオン・バル駅から徒歩10分 住56 Eng Hoon St., #01-70 営7:30(土・日曜8:00)〜20:00 休無休

←アーモンドクロワッサンS$5.80とアイスミルクティーS$7.80

昔ながらの生活感を残す寺院
チー・ティアン・ゴン寺院
Qi Tian Gong Temple　齊天宮
MAP付録P.8 C-4

街角に立つ「モンキー・ゴッド・テンプル」と親しまれる道教寺院。孫悟空でおなじみの齊天大聖のほか、さまざまな神が祀られている。

☎6220-2469 交Ⓜイースト・ウエスト線 Tiong Bahruティオン・バル駅から徒歩10分 住44 Eng Hoon St. 営8:00〜16:00 休無休

↑HDB

←旅の無事を願ってお参りするのもよい

色濃い緑に包まれた大人のくつろぎタイム
デンプシー・ヒル
Dempsey Hill

オーチャード・ロードエリアから車で10分ほどの閑静なエリア。都市部からひと足延ばしてたどり着く、緑に囲まれたカフェやレストランには、穏やかな時間が流れている。
MAP 付録P4 A-1

瀟洒な街並みにたたずむお店には かつてのイギリス領時代の面影が残る

緑豊かな丘に日本未上陸のカフェや多国籍レストランが集まった郊外の隠れ家的エリア。英国軍官舎や教会を利用したレストランが点在し、現地の海外駐在員にも人気が高い。南国の森に包まれた落ち着いたリゾートの雰囲気があり、料理もインテリアも洗練されている。何より都会の喧騒を忘れさせてくれる自然が残されているのがいい。

アクセスと交通
近い距離にはMRT駅はないため、タクシーを利用するのが楽。オーチャード駅から車で7分。

↑ 週末の朝食も人気
精肉店とは思えないおしゃれさ
フーバーズ・ブッチャリー
Huber's Butchery
MAP 付録P4 A-1

デンプシー・ヒル入口近くにある、ビストロやプレイグラウンドを併設する高級精肉店。ビストロでは、ハンバーガーS$21〜をはじめ、精肉店ならではの上質な肉を使った料理が評判。

☎6737-1588　Mノース・サウス線Orchardオーチャード駅から車で7分　所22 Dempsey Rd.　9:30〜19:00、ビストロ11:00（土・日曜、祝日9:30）〜22:00(LO21:30)　無休、ビストロは月曜

→ 精肉のほかチーズなど豊富に揃う食材目当てに、在住の欧米人や日本人もよく訪れる

緑に囲まれた丘でビールを満喫
レッドドット・ブリューハウス
RedDot BrewHouse
MAP 付録P4 A-1

コロニアル様式のバンガローに入るマイクロブリュワリー。個性が光るビールは、1パイントS$9〜など。ピザや炭火焼など、ビールに合う食事も揃う。

☎6475-0500　Mノース・サウス線Orchardオーチャード駅から車で8分　所25A Dempsey Rd.　11:30〜22:00(火〜木、日曜は〜22:30、金・土曜は〜23:00)　無休

↑ オープンエアの店内にはバースペースや醸造室もある

↑ スピルリナで鮮やかな緑に色付けした「モンスター・グリーン・ラガー」が名物

↑ ピーエス・カフェ（→P.103）

AREA WALKING

シンガポールの顔としておなじみの
不思議な動物の意味するものは？

ライオンの頭はシンガポールの語源である「獅子の街」の象徴。一方で魚の下半身は古名のトマセクが意味する「海の街」を象徴している。最初に登場したマーライオンはマリーナのマーライオンで、地元の彫刻家リム・ナン・センが手がけた。1972年に時の首相リー・クアンユー自ら除幕して以来、今ではみやげ物や菓子などにモチーフとして使われる、国全体のシンボルとして認知を受けている。

8.6m

海と獅子の国のシンボル
マーライオン

シンガポール各地に点在するマーライオン。
近くに行った際にはよく見て、
顔立ちや姿を比べてみよう。

↑高層ビル群を背後に力強く立つマーライオン。現在は人気の撮影スポット

"マーライオン"といえばこれ
マリーナのマーライオン
Merlion at Marina

一時は新しく架けられた橋に隠れ、存在感がなくなっていたが、2002年に現在の場所に移動。マリーナベイ・サンズが見られるベストスポットとして、人気の観光地となっている。

マーライオン・パーク　**MAP** 付録P.15 D-2
交M各線Raffles Placeラッフルズ・プレイス駅から徒歩10分 所One Fullerton 閉休無見学自由

↑対岸にはマリーナベイ・サンズがそびえる

2m

↑一緒に並んで記念撮影するにはちょうどよいサイズと評判

親子のような雰囲気がかわいい
マリーナの小マーライオン
Little Merlion at Marina

本家の背後に立つ、人間サイズのマーライオンで、同じくリム氏の作。顔つきは少しあどけなく、吐き出す水も弱いのでまるで子どものようだ。

マーライオン・パーク
MAP 付録P.15 D-2

5体のなかでは一番レア!?
シンガポール政府観光局のマーライオン
Merlion at Singapore Tourism Board

シンガポール政府観光局の建物の裏手に立つ。建物内にも非公認のものが1体いる。

政府観光局
MAP 付録P4 B-1
☎6736-6622 交Mノース・サウス線Orchardオーチャード駅から徒歩13分 所1 Orchard Spring Lane 時9:00～18:00 休土・日曜、祝日 料無料

3m
←口を大きく開けた独特の顔

360度の大パノラマの山頂に立つ
マウント・フェーバーのマーライオン
Merlion at Mount Faber Park

国内で2番目に高い丘であるマウント・フェーバー・パークの展望台に鎮座。近くで一緒に記念撮影もできる。

マウント・フェーバー・パーク
MAP 付録P4 A-3
☎6377-9688
交M各線HarbourFrontハーバーフロント駅から徒歩17分 所109 Mount Faber Rd. 閉休料見学自由

3m
←つぶらな瞳がチャームポイント

RELAX AND STAY OF THE FINEST QUALITY

リラックス&ステイ

スパやラグジュアリーホテルを満喫

Contents

個性が光る
ラグジュアリースパ 3
▶P.154

地元で人気の
街なかスパ 3 ▶P.156

伝統の癒やし体験
マッサージ 5 ▶P.158

思い出の1ページになる
テーマ別高級ホテル
▶P.160

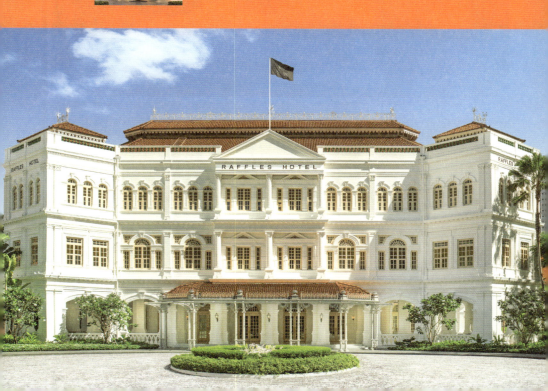

RELAX & STAY

極上のくつろぎを自分のごほうびに

個性が光るラグジュアリースパ ❸

世界中の最新技術や伝統的なマッサージ技術が集まるシンガポール。
そんなスパ大国でハイクラスなラグジュアリー体験も、旅の醍醐味のひとつ。

個人に合わせたケアで至福のひとときを堪能

ザ・スパ・アット・マンダリン・オリエンタル・シンガポール
THE SPA AT MANDARIN ORIENTAL SINGAPORE

マリーナ MAP 付録P.13 E-4

東洋と西洋のマッサージ技術をアレンジして全身をほぐす。特別にブレンドされたオイルを使用する90分間の「オリエンタルエッセンス」が人気。カップルスイート2室も用意されている。

☎6885-3533 ⊗M各線Promenadeプロムナード駅から徒歩11分 ㊟5 Raffles Ave., Marina Square, Mandarin Oriental Singapore
営9:30～21:00 休無休

主なMENU
- オリエンタルエッセンス…S$290
- エッセンス・オブ・ザ・ガーデン・シティ…120分 S$480

1.全身をリラックスさせるセラピーや各種トリートメントを用意 2.フェイシャルの各種メニューも充実 3.アジアの伝統的な技術を全身で満喫できる 4.手のクレンジング、角質除去、栄養補給などの総合的なマニキュアトリートメント

ダマイ・スパ
Damai Spa

オーチャード・ロード **MAP** 付録P.6 C-1

アジアやヨーロッパのマッサージ技術を融合させたリラクゼーションを提供。スパ後にアフタヌーンティーを楽しめるプランなど、贅沢で特別な時間を過ごすことができる。

☎ 6416-7132　交 Ⓜ ノース・サウス線 Orchardオーチャード駅から徒歩7分　所 10 Scotts Rd., Grand Hyatt Singapore　営 12:00〜13:30、19:00〜21:00 金〜日曜 11:00〜21:00　休無休

主なMENU
※ダマイ・オイルマッサージ…S$198〜
※カーム・マインド・マッサージ… S$198〜
※ディープ・ティシュー・マッサージ… S$218〜

カップルにおすすめ！伝統技術が光る贅沢スパ

1. オーチャード・ロードでショッピングを楽しんだあとに立ち寄るのもおすすめ　2. スパのあとにアフタヌーンティーでひと息　3. エステだけでなくヨガなどのフィットネスも充実　4. カップル用の個室で一緒に施術を受けられる

フラトン・スパ
The Fullerton Spa

マリーナ **MAP** 付録P.14 C-2

コロニアル様式の歴史建築フラトン・ホテル内のスパ。高い技術を持つセラピストによる施術やアメニティとともに、サウナや屋外のインフィニティプールなどの付帯設備も充実している。

☎ 6877-8182（フラトン）　交 Ⓜ 各線Raffles Placeラッフルズ・プレイス駅から徒歩5分　所 H フラトン（→P.161）　営 10:00〜22:00　休無休

1. 5室の個人用ルームと2室のカップル用ルームを用意　2. 東洋の技術を組み合わせたアジアン・ヘリテージ・シグネチャーは頭皮のマッサージからスタート　3. 国際的に評価の高い英国ブランド「アロマセラピー・アソシエイツ」のプロダクトを使用

歴史建築の中で心も体もリラックス

主なMENU
※アジアン・ヘリテージ・シグネチャー（ボディ）…S$282.50
※エッセンシャルローズ・フェイシャル…60分S$211.85、90分S$294.25

RELAX & STAY

ぬくもりあふれるホスピタリティがうれしい
地元で人気の街なかスパ ❸

疲労回復やデトックス、美肌トリートメントなど、それぞれ個性のある施術メニューを提供している。
自分がケアをしたいと思う部分に合わせて訪れるサロンを選ぼう。

旅で疲れた体を気軽にリフレッシュ
ネイチャーランド・オーチャード・ポイント
Natureland Orchard Point

オーチャード・ロード MAP 付録P.7 E-3

レモングラスの香りに包まれた南国・バリのような店内は高級感たっぷり。リーズナブルな金額と翌2時までの営業がうれしい。施術後にいただけるフリーのジンジャーティーも絶品！

☎6235-6780 ㊤Ⓜノース・サウス線Somersetサマセット駅から徒歩5分 ㊑160 Orchard Rd., #B1-12／13 Orchard Point
㊋9:00～翌2:00 ㊡無休

主なMENU
※5 in 1セラピー(足、首、頭、肩、背中)…60分 S$74.12
※フット・リフレクソロジー…60分 S$70.85

1.南国にいるかのような雰囲気の落ち着いた店内 2.立地が良く、翌2時まで営業しているため立ち寄りやすい 3.落ち着いた雰囲気のインテリアでまとめられたフット・マッサージ用ルーム 4・5.施術前のフットバスでは2種類の入浴剤から1つ選べる

SK-II製品を贅沢に使って美肌に
SENZEブティック・スパ
SENZE Boutique Spa
シティ MAP 付録P.12 C-3

日本でおなじみの化粧品ブランド、SK-IIのプロダクトを使用する。クリアな肌を目指すための丁寧なカウンセリングやフェイシャルトリートメントが人気。必ず事前に予約をしよう。男性用のメニューもあり、多くの現地男性も訪れている。

☎6336-4880 Ⓜ各線City Hallシティ・ホール駅から徒歩1分 🏠252 North Bridge Rd., Raffles City Shopping Centre #02-26B 🕐10:00～21:00 土・日曜、祝日9:30～19:30 休無休

主なMENU
- ※ディスカバリー・フェイシャル…60分S$245
- ※センゼショナル・フェイシャル…90分S$316

1.経験豊富なセラピストによるハイレベルな施術に満足すること間違いなし。極上のトリートメントを満喫したい 2.ラッフルズ・シティの店舗は2018年にオープン。黒を基調にしたシックな雰囲気の店内

日本製にこだわった日本発サロン
クイーンズ・マーケット
Queen's Market
チャイナタウン MAP 付録P.16 A-4

日本人セラピストによるサロン。疲労回復のハーブ蒸しや、小顔端正フェイシャル、ハーブボディラップを用いたデトックスのトリートメントをメインに、エクステやネイルも楽しめる。

☎6329-1166 Ⓜダウンタウン線Telok Ayerテロック・アヤ駅から徒歩4分 🏠178C Telock Aya St. 🕐10:00～20:00 休無休

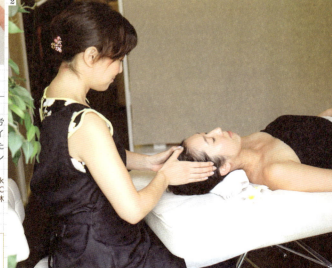

主なMENU
- ※イオンレメディ フェイシャル…90分S$150
- ※リンパ・ドレナージュ（リラックス・フェイス・トリートメント）…60分S$98

1.日本人に合うデザインのジェルネイル
2.マシンを使わずすべて手で施術を行うのもこだわり

RELAX & STAY

旅の疲れをすっきりと解きほぐす
伝統の癒やし体験マッサージ ⑤

観光やショッピングで疲れたら、伝統の技を使ったマッサージでリフレッシュ。お手軽でリーズナブルなお店もたくさん。

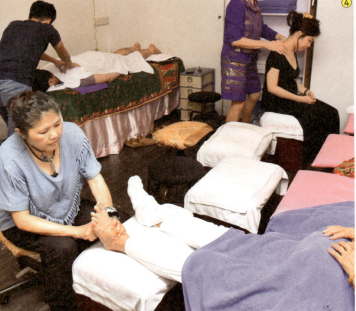

安くて腕がいいと評判の指圧
ミスター・リーム・フット・リフレクソロジー&ヘルス・プラス
Mr. Lim Foot Reflexology & Health Plus
チャイナタウン　MAP 付録P.16 A-1

マッサージ店が集まるビルの3階にあり、周辺に数店舗展開。フットマッサージは30分S$15～、全身マッサージは30分S$25～と料金が魅力。力強い指圧で足や全身の疲れをほぐしてくれる。

☎6327-4498／6534-1490　各線Chinatownチャイナタウン駅から徒歩5分
所 1 Park Rd., People's Park Complex 3F-54/78　営10:30～22:00　休無休

主なMENU
- ※全身マッサージ…30分S$25～
- ※フットマッサージ…30分S$15～

1. 足、肩、腕のマッサージは、45分S$20～
2. 店頭に料金表が掲げられているので安心
3. 高級感はなく、庶民的な雰囲気のマッサージ店 4. 施術は、20～60分から選べるので気軽に利用できる

旅の疲れを癒やす強めの足裏マッサージ
グリーン・アップル・スパ
Green Apple Spa
アラブ・ストリート　MAP 付録P.13 E-1

ふらりと立ち寄るのにぴったりのお手軽フット&ボディマッサージ。日本人観光客に人気なのは足裏にコンボで肩をプラスしたメニュー$66～。平日18時前に行くと、お得な料金プランあり。

☎6299-1555
各線Bugisブギス駅から徒歩15分
所 765 North Bridge Rd.
営12:00～翌4:00　休なし

主なMENU
- ※足のマッサージ…30分S$36～
- ※グリーン・アップル・フット・エクスペリエンス…80分S$68

1. 2～3階はボディマッサージ用個室。カップルルームも 2. 青いリンゴの看板が目印。夜はライトアップされる 3. 国内に4店舗を展開

超ローカル店でお手軽マッサージ
テオチュウ・ミン・マッサージ・保健センター
Teochew Meng Reflexology Centre
チャイナタウン **MAP** 付録P.16 A-1

ローカル感たっぷりな店内で受ける、グリグリと強めのマッサージが気持ちよい。チャイナタウンのど真ん中という好立地でありながら、どのコースもリーズナブル。

☎6223-1268 Ⓜ各線Chinatownチャイナタウン駅から徒歩5分 ⌂1 Park Rd., People's Park Complex 3F-K76／K77／K79／80 ⏰9:30～21:30 休無休 J

1.店舗数が多く日本語メニューもあるため利用しやすい 2.イタ気持ちいいマッサージで疲れた足をリフレッシュ 3.手ごろな価格で現地に住む人々の御用達マッサージ店

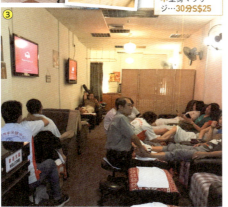
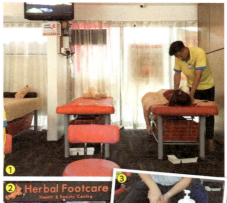

主なMENU
※足のマッサージ…30分S$15
※全身マッサージ…30分S$25

活気あふれるマッサージ屋さん
ハーバル・フットケア・ヘルス＆ビューティー・センター
Herbal Footcare Health & Beauty Centre
オーチャード・ロード **MAP** 付録P.7 E-3

東南アジアの熱気を感じられる、ローカル店。値段はリーズナブルだが、実力は確か。多国籍のスタッフが数多く在籍しており、マッサージのスタイルが施術者によって異なるのも魅力。

☎6735-3973 Ⓜノース・サウス線Somersetサマセット駅から徒歩5分 ⌂150 Orchard Rd.,Orchard Plaza 1F-15／16／36-39／42-44, 2F-15 ⏰8:00～翌6:00 休無休

1.夕方に行くといつもほぼ満席だが夜は比較的すいている 2.オーチャード界隈では安価なマッサージ店のひとつ 3.施術者によって行うマッサージがまったく違うのも楽しみ

主なMENU
※足のマッサージ（30分）＆体のマッサージ（30分）…60分S$66
※体のマッサージ…60分S$65

細やかなサービスが日本人に人気
ラブ・デ・フット
Love de Foot
オーチャード・ロード **MAP** 付録P.6 A-1

口コミで評判になった足裏マッサージ店。スタッフは経験豊かで、個人に合わせて痛くない施術をしてくれる。人気はスペシャル・コンビネーションS$80で、45分の足裏と20分の背中のセット。

☎6235-5012 Ⓜノース・サウス線Orchardオーチャード駅から徒歩10分 ⌂402 Orchard Rd., 5F-29 Delfi Orchard ⏰10:30～19:00 休月曜(祝日は予約がなければ休み)

1.静かでこぢんまりとした、くつろげる雰囲気の店内 2.家族や友人・知人を連れてくるリピーターも多い 3.今や7～8割の客が日本人という

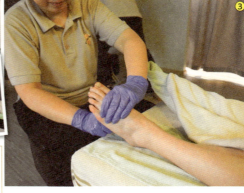

主なMENU
※スペシャル・コンビネーション…65分 S$80

159

RELAX & STAY

世界の旅行者に愛されてきたくつろぎ
思い出の1ページになる
テーマ別高級ホテル

ホテルにもこだわりたい人のために3テーマで、極上ステイが満喫できるホテルをピックアップ。お気に入りが見つかったら、早めに予約したい。

異国街へのおでかけにも便利
インターコンチネンタル
InterContinental Singapore

シティ MAP 付録P.13 D-2

伝統的なショップハウスの外観を残し、豊かな芸術性をちりばめたプラナカンスタイルを取り入れたエレガントなホテル。ブギスジャンクション直結で観光アクセスも良い。

☎6338-7600 交M各線Bugisブギス駅から徒歩4分 所80 Middle Rd. 料S$300〜
室数403 HP singapore.intercontinental.com

プラナカン建築

中国の文化に、マレー文化などが融合されたプラナカン文化。1階が店舗、2階が住居という「ショップハウス」の美しさを今に伝えるホテルをご紹介。

1.ツーダブルベッドのデラックスルーム。華麗な装飾もじっくり見ておきたい 2.プラナカン建築特有の繊細さと優美さを備えている

ショップハウスの趣を融合させた美しい空間

160

シンガポールの歴史を飾る 憧れの白亜の館

全面改装でパワーアップ
ラッフルズ シンガポール
Raffles Singapore

シティ MAP付録P13 D-3

全室バトラー付きのスイートのみで上質なもてなしを誇る。ロングバー、新設されたアラン・デュカスのダイニングなど、白亜の館は優雅さを増して2019年に再オープンした。
☎6337-1886 各線City Hallシティ・ホール駅から徒歩3分 1 Beach Rd. スタジオ・スイートS$749〜 室数115
www.rafflessingapore.com

1.現代的なビルが並ぶ街の中心に、20世紀初頭から変わらぬ姿を残す 2.ライトのスイッチも味わいのある年代物 3.広々としたレジデンス・スイートの寝室

コロニアル建築

植民地時代の面影を残す2軒のホテル。白亜の外観やインテリアに格式の高さがうかがえる。このホテルへの滞在を目的にシンガポールへ来るのも一興だ。

マリーナを望む神殿風ホテル
フラトン
The Fullerton Hotel Singapore

マリーナ MAP付録P.14 C-2

旧郵便局であった神殿風の歴史的建物に、館内の吹き抜けのアトリウムも圧巻。部屋によってマリーナベイ・サンズやマーライオンなどマリーナエリアやシンガポール川が望める。
☎6733-8388 各線Raffles Placeラッフルズ・プレイス駅から徒歩5分 1 Fullerton Sq. 約S$380〜 室数400 www.fullertonhotels.com/jp/the-fullerton-hotel

シンガポールの発展を見届けてきたランドマーク

1.1928年に建設された 2.199㎡のプレジデンシャルスイートルーム 3.アフタヌーンティーが楽しめるザ・コートヤード 4.シンガポール川を見渡せるインフィニティプール

RELAX & STAY

自然と都市が共存する新しいスタイルのホテル

街なかに浮かぶボタニカルホテル
パークロイヤル・ピッカリング
Parkroyal on Pickering Singapore
チャイナタウン MAP付録P.14 A-2

緑にあふれた近未来的なデザインのホテル。エコフレンドリーな室内はナチュラルな雰囲気。鳥籠をイメージしたカバナに囲まれたプールからは街並みを望む。
☎6809-8888 ❷各線Chinatownチャイナタウン駅からすぐ ❸3 Upper Pickering St. ❹S$340〜 ❺367
❻www.parkroyalhotels.com/pickering

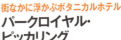

デザインホテル

シンガポールならではの洗練された空間に、自然の緑や古き良き建物の魅力を組み合わせた、アーティスティックなホテルにも注目したい。

1.庭園の中にそびえ立つ様子は、まるで都会のオアシスのよう 2.街並みを見渡せる開放的なインフィニティプールとカバナ 3.スタイリッシュなジュニアスイートルームS$500〜

安らぎと非日常感を味わえるモダンな空間美

歴史ある倉庫が大胆に変身
ザ・ウェアハウス・ホテル
The Warehouse Hotel
クラーク・キー MAP付録P.9 D-2

シンガポール川沿いに建つ倉庫をリノベーションしたホテル。シックなカラーで統一し、大人の雰囲気が漂う洗練された内観や、特徴的な三角屋根を生かしたロフト構造の客室などが魅力。
☎6828-0000 ❷ノース・イースト線Clarke Quay駅から徒歩10分 ❸320 Havelock Rd., Robertson Quay ❹S$340〜 ❺37
❻www.thewarehousehotel.com/

1.やわらかな光が照らすゆったりとしたロビー 2.広々としたリバービュースイート 3.水槽のような透明のデザインが美しい屋上のインフィニティプール

TRAVEL INFORMATION

旅の基本情報

旅の準備

パスポート（旅券）
旅行の予定が決まったら、まずはパスポートを取得。各都道府県、または市町村のパスポート申請窓口で取得の申請をする。すでに取得している場合も、有効期限をチェック。シンガポール入国時には、パスポートの有効残存期間が最低6カ月は残っている必要がある。

ビザ（査証）
3カ月以内の観光目的での滞在であればビザは不要。シンガポール入国に際して、14日間、もしくは30日間の滞在期限が設定される。

SG Arrival Cardに登録
2020年3月に紙の入国カードが終了。すべての旅行者に電子シンガポール・アライバル・カードの登録が義務付けられている。→P.165

海外旅行保険
保険会社や旅行会社の窓口やインターネットで加入できるほか、簡易なものであれば出国直前でも、空港にある自動販売機でも加入できる。

📞 日本からシンガポールへの電話のかけ方

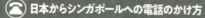

010 → 65 → 相手の電話番号

国際電話の識別番号　シンガポールの国番号

荷物チェックリスト

◎	パスポート	
◎	パスポートのコピー（パスポートと別の場所に保管）	
◎	現金	
◎	クレジットカード	
◎	航空券	
◎	ホテルの予約確認書	
◎	海外旅行保険証	
◎	ガイドブック	
	洗面用具（歯みがき・歯ブラシ）	
	常備薬・虫除け	
	化粧品・日焼け止め	
	着替え用の衣類・下着	
	冷房対策用の上着	
	水着	
	ビーチサンダル	
	雨具・折り畳み傘	
	帽子・日傘	
	サングラス	
	変換プラグ	
	携帯電話・スマートフォン／充電器	
	デジタルカメラ／充電器／電池	
	メモリーカード	
	ウェットティッシュ	
△	スリッパ	
△	アイマスク・耳栓	
△	エア枕	
△	筆記具	

◎必要なもの　△機内で便利なもの

TRAVEL INFORMATION

入国・出国はあわてずスマートに手続きしたい！

普段なじみのない手続きだが、しっかり把握しておけば難しくはない。持ち込み制限が他国より厳しめなので注意。

シンガポール入国

① 入国審査
自動ゲートへ進み、パスポートをスキャン用画面に置く、同時に人差し指をスキャン用画面に押し付けて指紋を登録する。改札のようなドアが開いて、入国終了。

② 預けた荷物の受け取り
モニターで自分の搭乗便を確認。該当のターンテーブルへ向かい、預けた荷物を受け取る。もし荷物が出てこない場合は、バゲージクレーム・タグを係員に見せ手続きを行う。

③ 税関手続き
申告するものがなければ緑の通路へ。申告するものがあれば、赤の通路の係員に申請する。スマートフォンのアプリ「Customs@SG」で事前に支払うこともできる。入国3日前から手続き可能。

シンガポール入国時の免税範囲

アルコール類	蒸留酒、ワイン、ビールいずれか2種類の合計が2ℓまで。ワインのみ、ビールのみの場合は2ℓまで（18歳以上でマレーシア以外の国から到着した場合）
たばこ	日本製たばこは持込み不可
物品	S$500まで
現金	課税されないが、合計S$2万相当以上の場合は申告が必要

シンガポール出国

① 空港へ向かう
搭乗する航空会社によってターミナルが違うため、事前によく確認しておきたい。チェックインがまだであれば3時間前、Webチェックインを済ませていても1時間前には着いておきたい。

② チェックイン
チェックインがまだであれば、カウンターでパスポートと搭乗券（eチケット控え）を提示。預ける荷物をセキュリティチェックに通し、バゲージクレーム・タグを受け取る。GST還付➡P.116を申請するものがあれば、それまでに手続きを行うか、機内持ち込みにする。

③ 出国審査
自動ゲートにパスポートをスキャンすると、改札のようなドアが開いて、審査終了。

④ 搭乗
搭乗ゲート前で手荷物のセキュリティチェックがあるため、早めに到着しておきたい。免税店で購入した商品で指定のビニール袋に入れたままであれば、液体物を持ち込むこともできる。

日本帰国時の免税範囲

アルコール類	1本760mℓ程度のものを3本
たばこ	紙巻きたばこ200本、葉巻たばこ50本、加熱式たばこ個装等10個（1箱あたりの数量は、紙巻きたばこ20本に相当する量）、その他のたばこの場合250gのいずれか
香水	2oz（オーデコロン、オードトワレは含まない）
その他物品	海外市価1万円以下のもの。1万円を超えるものは合計20万円まで

※アルコール類、たばこは20歳以上のみ

日本への主な持ち込み禁止品と制限品

持ち込み禁止品	麻薬類、覚醒剤、向精神薬など
	拳銃などの鉄砲、弾薬など
	ポルノ書籍やDVDなどわいせつ物
	偽ブランド商品や違法コピーDVDなど知的財産権を侵害するもの
	家畜伝染病予防法、植物防疫法で定められた動植物とそれを原料とする製品
	ハム、ソーセージなど肉加工品
持ち込み制限品	10kgを超える乳製品など検疫が必要なもの
	ワシントン国際条約の対象となる動植物とそれを原料とする製品
	猟銃、空気銃、刀剣など
	医療品、化粧品など

出発前に確認しておきたい！

「SG Arrival Card」に登録する

すべての旅行者にSG Arrival Card（電子シンガポール・アライバル・カード）の登録が義務付けられている。シンガポール入国管理局（ICA）のWebサイトで、手順に沿って手続きを進めておこう。

シンガポール入国管理局（ICA）
https://eservices.ica.gov.sg/sgarrivalcard/

● 到着日を含めた3日以内〜シンガポール到着までにWebサイトからアクセス、あるいはスマートフォンに「App Store」または「Google Play」でダウンロード。
● シンガポール長期在住者を除く旅行者は「Foreign Visitor/In-Principle Approval Holder」を選び、氏名、パスポート番号、パスポートの有効期限、現住所、Eメールアドレスなど自身の個人情報と航空券や宿泊地などの旅情報、健康状態の申請を記載し送付する。
● 数日以内に登録したメールアドレスに確認メールが届く。メールを保管、またはスマホに保存しておく。

Webチェックイン

搭乗手続きや座席指定を事前にWebで終わらせておくことで、空港で荷物を預けるだけで済み大幅に時間を短縮することができる。一般的に出発時刻の24時間前からチェックインが可能。パッケージツアーでも利用できるが、一部対象外となるものもあるため、その際は空港カウンターでの手続きとなる。

飛行機内への持ち込み制限

● 液体物　100㎖（3.4oz）を超える容器に入った液体物はすべて持ち込めない。100㎖以下の容器に小分けにしたうえで、ジッパー付きの透明なプラスチック製袋に入れる。免税店で購入したものは100㎖を超えても持ち込み可能だが、乗り継ぎの際に没収されることがある。
● 刃物　ナイフやカッターなど刃物は、形や大きさを問わずすべて持ち込むことができない。
● 電池・バッテリー　リチウム電池はリチウム含有量が2g以下のもの、リチウムイオン電池は100Whを超え160Wh以下のリチウムを含むものは2個まで。100Wh以下や本体内蔵のものは制限はない。
● ライター　小型かつ携帯型のものを1個まで。

荷物の重量制限

航空会社によって、預けられる荷物の重量や個数に制限がある。超えた分の荷物を預けるには超過料金が必要。LCCでは預け入れ荷物1個から別料金のことが多く、当日の超過料金は高額なので特に注意。

注意が必要な持ち込み品

シンガポールではたばこは1本から課税対象となり、無許可で持ち込んだものが市中で見つかると多額の罰金が科せられる。そのほか、チューインガムや電子たばこなど、日本では一般的でも持ち込みが完全に禁止されているものもあるので注意しておきたい。

他人の荷物は預からない!

知人や空港で会った人物に頼まれ荷物を預かったり、勝手に荷物に入れられたりして、知らないうちに麻薬を運ばされるなど、トラブルに巻き込まれる事例が発生している。自分の荷物は厳重に管理しよう。

TRAVEL INFORMATION

チャンギ国際空港

SINGAPORE CHANGI AIRPORT

チャンギ国際空港は世界有数の規模をもち、東南アジアのハブ空港となっている。ターミナルは1～4まであり、日本から発着する航空会社では、JALは1、ANAは2、シンガポール航空は1と3、ジェットスター・アジアは4を利用している。ターミナル5も建設中。　MAP 付録P.3 F-2

ターミナル間の移動

ターミナル1～4まであるチャンギ国際空港。ターミナル1～3はスカイトレインで結ばれている。4時30分～翌1時30分の間、3～6分間隔で運行しており、ターミナル1～3まで所要4分。パブリックエリア、制限エリアのどちらからも利用可能。運行していない時間帯は、制限エリアでは徒歩で、パブリックエリアはターミナル2・3間は連絡通路を徒歩で、ターミナル1・3間、1・2間はシャトルバスで移動する。ターミナル4は、ターミナル2との間に、シャトルバスが24時間、10～20分間隔で運行している。所要10分。ターミナル1・3からはいったんターミナル2へ移動する。すべて無料で利用できる。

✓ 空港でしておきたいこと

☐ 両替

どのターミナルも、到着出口近くに24時間営業の両替所がある。レートも悪くないので、必要な分は両替しておこう。ATMも空港各地に設置されている。→P.168

☐ SIMカードの購入

SingtelのSIMカードはトラベレックスの両替所で購入できる。そのほかにStarHubやM1の会社は到着フロアに窓口がある。
→P.171

☐ ez-linkカードの購入

MRT駅の窓口やセブンイレブン（手数料あり、現金のみ）で購入できる。窓口が開いていない深夜は、各ターミナルのパブリックエリアにあるChangi Recommendsへ。24時間営業で、各社のSIMカードなども取り扱っている。ez-linkカードについては→付録P.20へ。

166

空港からホテルへはスムーズにアクセスしたい！

移動疲れもあり、大きな荷物を持って右往左往するのは嫌なもの。空港送迎付きのホテルやツアーを選ぶのも◎。

チャンギ国際空港から中心部へ

空港からの移動手段は大きく4種類。MRTは料金が安く早いが、荷物が多い場合や深夜はタクシーがおすすめ。

タクシー

所要	約30分
料金	S$25〜45

最も簡単な移動手段。各ターミナルの到着ロビーを出たところに、タクシー乗り場がある。料金はメーター制だが、空港から乗車する場合は特別料金が設定されている。18〜24時と平日の6時〜9時30分はピークタイムで25%、24時〜翌6時は深夜料金で50%の追加料金がかかる。

エアポート・シャトル・バス

所要	約30〜50分
料金	S$10

24時間、30分間隔で運行、各ターミナルからホテルの前まで送迎してくれる乗り合いバス。中心部の多くのホテルが目的地として登録されており、深夜も利用でき便利だが、移動時間が読みにくい。空港の窓口で申し込むか、事前にWeb予約も可能。子供料金(12歳未満)はS$7。

① チケットを買う
到着フロアにあるGround Transport Conciergeの窓口で、行き先のホテル名や乗車時間を告げ、シールを受け取る。自動券売機は現金不可。

② 乗り場へ向かう
シールを見える場所に貼って、バスの到着を待つ。Webで予約した場合は、予約確認メールのプリントアウトを用意する。

③ 乗車する
バスは定員10人ほどで、荷物を載せるスペースも十分ある。経路は同乗客の目的地次第だが、ホテルの目の前に止まってくれる。

MRT

所要	約40分
料金	S$2.14

※シティ・ホール駅まで

料金が安く治安も良いので安心して利用できるが、最寄り駅からホテルへの移動もあり大変。6時ごろ〜24時ごろ、約10分間隔で運行しているが、乗り換えの関係で利用できるのは23時ごろまで。中心部へはチャンギ・エアポート駅の2駅隣のタナ・メラ駅で乗り換え、さらにほかの路線へはブギス駅やシティ・ホール駅で乗り換える。ダウンタウン線へは隣駅のエキスポ駅で乗り換えると便利。

① 駅へ向かう
チャンギ・エアポート駅はターミナル2とターミナル3に直結している。ターミナル1からはスカイトレイン、ターミナル4からはシャトルバスで移動してから乗車する。

② チケットを買う
ez-linkカードを購入する。買い方は、➡付録P.20へ

③ 乗車する
到着した車両に乗車。タナ・メラ駅での乗り換えは同じホーム。進行方向に向かって左側のジュー・クーン駅行きへ。エキスポ駅の乗り換えはやや距離がある。

路線バス

所要	約90分
料金	S$3

※オーチャード周辺まで、現金の料金

ターミナル1〜4から、カトン、マリーナやシティを通過してオーチャードへ向かう36番(夜間は36A)を利用できる。6時ごろ〜23時ごろまで約10分間隔で運行。現金はおつりが出ないので、小銭かez-linkカード➡付録P.20を用意しておきたい。時間はかかるが料金は安く、車窓を眺めながらの移動は独特の風情がある。

空港→市内中心部 アクセスマップ

TRAVEL INFORMATION

シンガポールのお金のことを知っておきたい！

何をするにも必要になるのがお金。クレジットカードなども利用して、便利にお得に安全に旅を楽しもう。

通貨

通貨はシンガポール・ドル（S$）とシンガポール・セント（S¢）で、S$1＝100S¢。

S$1 ＝ 約115円
（2025年1月現在）

1万円 ＝ 約S$87

紙幣はS$2～1万まで7種類あるが、よく見かけるのはS$100まで。硬貨は1¢～S$1の6種類だが、1¢硬貨はほとんど流通していない。2013年に新硬貨が流通開始されているが、旧硬貨も使用可能。

両替

どこで両替をすればいい？

日本円を持参し、現地で両替するほうがレートが良い。繁華街やショッピングセンターでレートが良い両替店が見つかるが、空港もそれほど差はないので、空港で当面必要な金額を両替して、足りなくなったら街なかで両替するのがおすすめ。キャッシュレス化が進んでいるため、必要な分をこまめに両替するのが良い。

📝 日本円からの両替はBUYING

レート表の見方

CURRENCY（通貨）	UNIT	SELLING	BUYING
JAPANESE YEN	100	0.870	0.860
US DOLLAR	1	1.350	1.340

日本円は100円に対するレート

シンガポール・ドルを日本円に両替するときのレート

日本円をシンガポール・ドルに両替するときのレート。この場合、1万円がS$86の換算

ATMで現地通貨を引き出す

ATMは市中のいたるところにあり、時間的にも自由が利くので便利。一般的にレートも現金を両替するより有利となる。都度ATM利用料がかかるため、ある程度まとまった金額を引き出すほうがよい。クレジットカードでのキャッシングでは利息が発生するが、帰国後すぐ繰上返済すれば高額にはならない。キャッシングに抵抗があれば、国際キャッシュカードやトラベルプリペイドカードを利用しよう。

クレジットカード

ホーカーなどを除けば多くの場所でクレジットカードが利用できる。多額の現金を持ち歩くのは危険なので、うまく組み合わせて利用したい。ホテルで保証金代わりとして求められることもあるので、1枚は持っておきたい。事前にキャッシングの可否やPIN（暗証番号）の確認を忘れずに。

トラベルプリペイドカード

あらかじめ入金した専用口座から引き出すトラベルプリペイドカードは、クレジットカードと同じ感覚で利用することができる。入出金の際に手数料がかかり、旅行中も事前に入金した額までしか使えないが、万一の際はかえって被害額を抑えることができる。

紙幣 / 硬貨

S$2

S$1

S$5

50¢

S$10

20¢

S$50

10¢

S$100

5¢

📍 ATMの使い方

暗証番号を入力 ENTER PIN
ENTER PIN（暗証番号を入力）と表示されたら、クレジットカードの4ケタの暗証番号を入力し、最後に ENTER（入力）を押す

取引内容を選択 SELECT TRANSACTION
クレジットカードでのキャッシングも、国際キャッシュカードやデビットカード、トラベルプリペイドカードで引き出すときもWITHDRAWAL（引き出し）を選択

取引口座を選択 SELECT SOURCE ACCOUNT
クレジットカードでキャッシングする場合はCREDIT（クレジットカード）、トラベルプリペイドカードや国際キャッシュカードで預金を引き出す場合はSAVINGS（預金）を選択

金額を選択 SELECT AMOUNT
引き出したい現地通貨の金額を選ぶ。決められた金額以外の場合はOTHER（その他）を選ぶ。現金と明細書、カードを受け取る

物価
シンガポールの物価は日本の都市部と同程度だが、ホーカーの料理やタクシーなど、日本よりも安く利用できるものもある。嗜好品などは日本の倍額になるものもある。

Ez-linkカード
S$0.95（約110円）

タクシー初乗り
S$4.40〜（約500円〜）

ミネラルウォーター（500mℓ）
S$1〜2
（約115〜230円）

ビール
S$3前後
（約230円）

アフタヌーンティー
S$50〜（約5750円〜）

ホーカーの料理
S$4〜8前後（約460〜920円）

予算の目安
高級なホテルやレストランの料金設定は高いが、ホーカーなどを利用すれば節約することも可能。

宿泊費 エコノミーホテルで1泊S$100程度（約1万1500円）と、周辺諸国に比べると料金は高めで、安い料金帯のホテルも少ない。ブギスやリトル・インディアなどは、比較的安いホテルが多い。

食費 昼はホーカー、夜はカジュアルなレストランという組み合わせなら、1日S$40（約4600円）程度で、満足な食事が楽しめるはず。

交通費 タクシーも含めて料金が安いので、あまり高くつくことはない。長距離の移動にはMRTやバスを利用すれば、1日S$20（約2300円）程度で済む。

チップ
シンガポールにはチップの習慣はないため、特に意識する必要はない。特別なサービスを受けたときは、小銭を渡したり、おつりを受け取らないなどで、感謝の気持ちを伝えるのもよいだろう。

金額の目安
ホテル・ベッドメイキング	S$2
ホテル・ポーター	大きな荷物1つにつきS$2
タクシー	運賃のS$1未満を切り上げる
高級レストラン	サービス料が含まれていなければ10%程度

TRAVEL INFORMATION

滞在中に知っておきたいシンガポールのあれこれ！

日常のさまざまな場面で、日本との違いに出合う。戸惑いも旅の醍醐味だが、避けられるトラブルは回避しよう。

飲料水

シンガポールの水道水は衛生管理が厳しく、日本と同じ軟水なので飲用しても問題ない。ミネラルウォーターは500mlのペットボトルがS$1～2程度で、日本と同じ感覚で利用できる。屋台のドリンクなどに使われる氷もたいていは問題ないが、気になる人は飲食店に表示が義務付けられている衛生検査の結果を確認しよう。

トイレ

中心部では、ショッピングセンターやMRT駅で清潔で無料のトイレを利用できるため、困ることは少ない。ほとんどが日本の洋式と同じ形で水洗、トイレットペーパーも流してよい。街なかの公衆トイレやホーカーズのトイレは、有料だったりあまり清潔でないことも多い。

各種マナー

路上で
路上にゴミを捨てたり、みだりにつばを吐いたり、禁煙区域での喫煙などに多額の罰金が科せられる。

公共交通機関で
公共交通機関での飲食は禁止されている。熱帯の気候のなかを歩いたあとで水分補給したくなるが、駅に入る前に終わらせよう。

モスク・寺院で
モスクや寺院では、露出の多い服装を避ける、礼拝に来ている人の邪魔にならないなど、節度を守った行動を。観光客が多く訪れるモスクでは肌を隠すための見学用の服も用意されている。

度量衡

日本と同じcm（センチ）、g（グラム）、ℓ（リットル）などのメートル法が使われている。

ドレスコード・服装

高級レストランやカジノ、ホテルではドレスコードが設定されているが、特別な行事などでなければ、スマートカジュアル程度まで。短パンやサンダルを避け、男性は襟付きのシャツ、女性はブラウスやワンピースであれば問題ない。日本の夏の気候を想定しておけば間違いないが、冷房が効きすぎていることが多いため、1枚羽織るものを持っておくとよい。

電化製品の使用

電圧は日本と異なる

日本と異なり、電圧は230Vで周波数は50Hz（日本は電圧は100Vで周波数は50Hzか60Hz）。ドライヤーやアイロンなど電熱器は、変圧器を利用してもうまく動かないことがあるため、海外用のものを用意するか、現地のものを利用するのが無難。近年の携帯電話やデジタルカメラの充電器は、さまざまな電圧に対応しているため変圧器は必要はないが、事前に対応電圧を確認しておきたい。

プラグはBF型が主流

日本とは異なる3本のピンが出ているBF型が主流で、変換用のアダプターが必要。USB充電ができるタイプが便利。変圧器、アダプターともホテルで貸してもらえることも多い。

BF型プラグ

郵便

はがき／手紙

日本へ航空便で送る場合、所要3～5日ほど。はがきは85¢、封書は20gまでS$1.55、10gごとに35¢加算（2kgまで）。「AIRMAIL」と「JAPAN」と記載すれば、宛名は日本語でも可。

小包

郵便局で専用の袋や箱に入れて送る。航空便で5kgまでS$123、10kgまでS$182（最大20kgまで）。最も速いSPEEDPOST EXPRESS便は5営業日以内、5kgまでS$182、10kgまでS$269。

飲酒と喫煙

飲酒は18歳から、喫煙は21歳から許可されている。

公共の場での飲酒

22時30分から翌7時まで、バーなどを除いて外国人旅行者も含めて公共の場での飲酒が禁止されていて、この時間帯はアルコール類を購入することもできない。

喫煙は喫煙スペースで

屋内は喫煙スペース以外ではほぼ禁煙。ホテルには規制はないものの、近年は全館禁煙のホテルが増えている。ポイ捨てには厳しいが、屋外での喫煙自体は特に規制はない。

電話／インターネット事情を確認しておきたい！

緊急時に必要となる電話のかけ方や、旅行中も欠かせないものとなってきたインターネットの使い方をチェック。

電話をかける

🖊 国番号は、日本が81、シンガポールが65

シンガポールから日本への電話のかけ方

ホテルの電話、公衆電話から

ホテルからは外線番号	→	001	→	81	→	相手の電話番号
		国際電話の識別番号		日本の国番号		※固定電話・携帯電話とも市外局番の最初の0は不要

携帯電話、スマートフォンから

0または＊を長押し	→	81	→	相手の電話番号
※機種により異なる		日本の国番号		※固定電話・携帯電話とも市外局番の最初の0は不要

固定電話からかける

ホテルから 外線番号（ホテルにより異なる）を押してから、相手先の番号をダイヤル。近年はホテル内のみの使用に限られる電話も多い。

公衆電話から 近年は数を減らしているが、ショッピングセンターや空港で見つけることができる。テレホンカードは郵便局などで購入できる。

日本へのコレクトコール

緊急時にはホテルや公衆電話から通話相手に料金が発生するコレクトコールを利用しよう。

● **KDDIジャパンダイレクト**
☎ 8000-810-810
オペレーターに日本の電話番号と話したい相手の名前を伝える

携帯電話／スマートフォンからかける

国際ローミングサービスに加入していれば、日本で使用している端末で通話できる。滞在中はシンガポールの電話には8ケタの番号を入力するだけでよい。日本の電話には、＋を表示させてから、国番号＋相手先の番号（最初の0は除く）。同行者にかけるときも国際電話としてかける必要がある。

海外での通話料金 日本国内での定額制は適用されず、着信でも料金が発生するため料金が高額になりがち。ホテルの電話やIP電話をうまく組み合わせたい。同行者にかけるときも国際電話扱いとなる。

IP電話を使う インターネットに接続できる状況であれば、SkypeやLINE、Viberなどの通話アプリを利用することで、同じアプリであれば無料で通話することができる。Skype、Viberは有料プランでシンガポールの固定電話にもかけられる。

インターネットを利用する

ほとんどのホテルでWi-Fiを利用することができる。パスワードが必要なときはフロントに尋ねれば教えてもらえる。有料のこともあるので予約時に確認を。街なかでは、シンガポール政府が提供している「Wireless@SG」が、主要なショッピングモールや観光地、MRT駅などで利用できる。

● **Wireless@SG**
ホットスポット内でWi-Fiの接続先に「Wireless@SG」を選択し、ブラウザを開くと登録画面になる。電話番号などを入力し、SMSで送られてくるパスワードを入力すれば利用できるようになる。ショッピングモールやチェーン店のカフェでも無料のWi-Fiが提供されている。

インターネットに接続する

海外データ定額サービスを利用すれば、1日1000〜3000円程度でデータ通信を利用できる。空港到着時に自動で案内メールが届く通信業者もあるが、事前の契約や手動での設定が必要なこともあるため、よく確認しておきたい。定額サービスなしでデータ通信を行うと高額な料金となるため、不安であれば電源を切るか、機内モードなどにしておく。

	カメラ／時計	Wi-Fi	通話料	データ通信料
電源オフ	×	×	×	×
機内モード	○	○	×	×
モバイルデータ通信オフ	○	○	$	×
通常モバイルデータ通信オン	○	○	$	$

○ 利用できる　$ 料金が発生する

SIMカード／レンタルWi-Fiルーター

データ通信を頻繁に利用するなら、現地SIMカードの購入や海外用Wi-Fiルーターのレンタルも検討したい。SIMフリーの端末があれば、空港やショッピングセンターで購入できるSIMカードを差し込むだけで、インターネットに接続できる。5日間利用でS$3.90など。購入にはパスポートが必要。Wi-Fiルーターは複数人で同時に使えるのが魅力。料金はさまざまだが大容量プランで1日800〜1500円ほど。

📍 オフラインの地図アプリ

地図アプリでは、地図データをあらかじめダウンロードしておくことで、データ通信なしで利用することができる。機内モードでもGPS機能は利用できるため、通信量なしで地図アプリを利用できる。

TRAVEL INFORMATION

病気、盗難、紛失…。トラブルに遭ったときはどうする?

トラブルに遭わないのがいちばんだが、万一の場合の対処を知っておけば、不安なく旅を楽しめる。

治安が心配

シンガポールは治安の良い国だが、観光客はスリや置き引き、ひったくりに狙われやすい。油断せずに、荷物から目を離さないなど十分な注意を払おう。

緊急時はどこへ連絡?

荷物をなくしても大丈夫なよう、メモや携帯電話に記録しておこう。

[警察] ☎999
[消防・救急] ☎995
[大使館]
在シンガポール日本国大使館
オーチャード・ロード MAP 付録P.4 B-1
☎6235-8855(24時間) 〒16 Nassim Rd.
HP www.sg.emb-japan.go.jp
[病院]
ジャパン・グリーン・クリニック
オーチャード・ロード MAP 付録P.6 C-2
☎6734-8871 〒290 Orchard Rd.
ラッフルズジャパニーズクリニック
ブギス本院
アラブ・ストリート MAP 付録P.13 D-1
☎6311-1190 〒585 North Bridge Rd.,
Raffles Hospital #02-00

病気・けがのときは?

海外旅行保険証に記載されているアシスタンスセンターに連絡するか、ホテルのフロントに医者を呼んでもらう。海外旅行保険に入っていれば、提携病院で自己負担なしで安心して治療を受けることができる。

パスポートをなくしたら?

① 最寄りの警察もしくはシンガポール警察ホームページ(HP www.police.gov.sg)に届け、盗難・紛失届出証明書(Police Report)を発行してもらう。

② 証明書とともに、顔写真2枚、本人確認用の書類を用意し、在シンガポール日本国大使館に、紛失一般旅券等届出書を提出する(予約制)。

③ パスポート失効後、「帰国のための渡航書」の発行を申請。渡航書には帰りの航空券(eチケット控えで可)が必要となる。「帰国のための渡航書」発行の手数料はS$24、所要1~2日。

新規パスポートも申請できるが、発行に所要4日(土・日曜、祝日は含まない)、戸籍謄本(抄本)の原本が必要となる。手数料は、5年有効がS$107、10年有効がS$155。

※手数料は現金のみで、おつりのないように用意。毎年為替レートに合わせて変更される

クレジットカードをなくしたら?

不正利用を防ぐため、カード会社にカード番号、最後に使用した場所、金額などを伝え、カードを失効してもらう。再発行にかかる日数は会社によって異なるが、翌日~3週間ほど。事前にカード発行会社名、紛失・盗難時の連絡先電話番号、カード番号をメモし、カードとは別の場所に保管しておくこと。

現金・貴重品をなくしたら?

現金はまず戻ってくることはなく、海外旅行保険でも免責となるため補償されない。荷物は補償範囲に入っているので、警察に届け出て盗難・紛失届出証明書(Police Report)を発行してもらい、帰国後保険会社に申請する。

**外務省
海外安全ホームページ&
たびレジ**
外務省の「海外安全ホームページ」には、治安情報やトラブル情報、緊急時連絡先などが国ごとにまとめられている。出発前に確認しておきたい。また、「たびレジ」に渡航先を登録すると、現地の事件や事故などの最新情報が随時届き、緊急時にも安否の確認や必要な支援が受けられる。

旅のトラブル実例集

スリ

[事例1] MRT駅構内や路上でコインやハンカチを落としたり、背中に飲み物やクリーム状のものを付けられたりして、気を取られている隙に、後ろにいた共犯者から財布や貴重品を抜き取られる。

[事例2] MRT車内や買い物中に、背後からカミソリなどでバッグを切り裂き、中身を抜き取られる。

[対策] 多額の現金や貴重品はできる限り持ち歩かず、位置を常に意識しておく。支払いのときに、財布の中を他人に見えるようにしない。バッグはいつも手にかけてしっかりと抱えるように持つ。

置き引き

[事例1] ホーカーで料理を購入するときやビュッフェ形式の食事中に、席に置いていた荷物を盗まれる。

[事例2] ホテルのチェックイン、チェックアウトのときに、足元に置いていた荷物を盗まれる。

[対策] けっして荷物からは目を離さない。ホーカーの席取りには、なくなってもよいポケットティッシュなどを置く。2人以上の場合は、必ず1人はしっかりと荷物から目を離さないようにする。

ぼったくり

[事例1] タクシーでメーターが動いていなかったり、メーターと異なる金額を請求された。

[事例2] レストランやショップの会計で、注文していないものや買っていないものが請求された。

[対策] 悪質なタクシードライバーは少ないが、メーターがきちんと動いているかは確認しておく。特別料金が最後に加算されるため、悪質な請求と勘違いすることも。納得できなければレシートを求め、タクシー会社に連絡する。レストランでは、有料のおしぼりやつまようじが出されることがある。必要なければ、はっきりと断ること。飲食や買い物の際には、レシートをよく確認する。

知っておきたいシンガポール・ヒストリー
多様な民族が集まる海峡の街

シンガポールにラッフルズが上陸した1819年から200年が経つ。
それまでの歴史とイギリス植民地となってからの歴史を簡単にご紹介。

霊獣に導かれた王子が都市建設
「獅子の街」の誕生と繁栄

現代のシンガポールに直接つながる「シンガプーラ」が誕生したのは、14世紀のこと。当時マレー海峡一帯は、海峡の南側スマトラ島を拠点とするシュリーヴィジャヤ王国が支配していた。王国の王子、サン・ニラ・ウタマが、この地で狩りをした際に出合った不思議な動物を幸運の印と考え「シンガ（ライオン）」の「プーラ（街）」と名付け、都市を築いたとされている。

15世紀初めにはシュリーヴィジャヤ王国は滅亡するが、生き残った王族がマラッカを中心にマラッカ王国を建国。イスラム教に改宗するとともに、ムスリム商人や中国人商人の協力を受け、海洋国家として栄えた。この島の周囲にも、さまざまな国の船が行き交っていたという。

⇦ラッフルズ上陸記念の地に建てられているサン・ニラ・ウタマの像 ▶P.140

急激な成長とトラブル回避の術
ラッフルズの街づくり

16世紀初頭のマラッカ王国滅亡後は打ち捨てられ、人口150人ほどの小さな漁村しかなくなっていた。1819年1月、イギリス東インド会社の書記官ラッフルズがこの島に上陸したことを端緒として、イギリス植民地シンガポールとしての歩みが始まる。

関税のない自由貿易港とされたシンガポールには、海峡の先端という地理的優位もあり、アジアやヨーロッパなど各国の船舶が集まるようになった。働き口を探すマレー人、中国人、インド人など周辺アジア人も次々と集まり、急激な発展を遂げた。特に中国人はクーリーと呼ばれる肉体労働者として大量に流入。人口3万5000人を超えた1840年には、中国人が半数を占める現在とほぼ同じ民族構成となっている。

急速に流入する移民同士のトラブルに備えて、ラッフルズは民族ごとに居住地を設定した。シンガポール川の北側に公的機関とヨーロッパ人の居住地を作り、その北側にはアラブ人やインド人、川の南側には中国人の居住地を作った。この区割りは現在のエスニック街にほぼ通じている。

⇦シンガポールが独立した8月9日はナショナルデーとして、マリーナ・ベイでの花火大会などで盛大に祝われる

マレーシア連邦からの分離独立
シンガポール建国

第二次世界大戦後の1963年、先に独立を果たしていたマラヤ連邦と合併し、マレーシア連邦として独立を果たす。経済的な発展を遂げていたシンガポールと、豊かな資源のあるマレー半島の緊密な協力を目指した合併だったが結果的にうまくいかず、わずか2年後の1965年にはマレーシア連邦から追放されるかたちで、シンガポールは一都市のみでの独立国家となった。

望まぬ独立にあたり、首相のリー・クアンユーは与党の人民行動党の事実上の一党独裁により、経済振興を進めていった。現在、シンガポールはアジア有数の経済国家として成長を遂げている。それを象徴する高層ビル群など華やかな一面を見るとともに、多民族国家ならではの都市建設の工夫など、歴史を感じながら街を歩きたい。

年代	シンガポール	同時期の日本
600	漁村トマセクとして知られる	大化の改新
800		
1000		保元・平治の乱
1100		鎌倉幕府
1200		
1300		室町幕府
1400	シンガプーラと呼ばれる	
1402	マラッカ王国建国	
1500	マラッカ王国	応仁の乱
1511	マラッカ王国滅亡	
1528	ジョホール王国建国	
1600	ジョホール王国	江戸幕府
1641	オランダ領マラッカ成立	
1700		
1800		寛政の改革
1819	ラッフルズ上陸	
1824	イギリスに割譲される	天保の改革
1854		日米和親条約
1873	岩倉使節団寄港	明治維新
1894		日清戦争
1900	イギリス領	日露戦争
1923		関東大震災
1937		日中戦争
1942	日本軍による占領	
1963	マレーシア連邦成立	
1965	シンガポール独立	
2000		

INDEX

旅を豊かで楽しくするスポット

◆ 観光・エンターテインメントなど

あ
- アートサイエンス・ミュージアム … 65
- アイフライ・シンガポール … 76
- アドベンチャー・コーヴ・ウォーターパーク … 74
- アン・シャン・ヒル … 63
- インタン … 58
- インフィニティ・プール … 33
- ウィングス・オブ・タイム … 77
- エメラルド・ヒル … 63
- OCBCスカイウェイ … 22

か
- カーテン・オブ・ルーツ … 29
- ガーデンズ・バイ・ザ・ベイ … 20
- カジノ(マリーナベイ・サンズ) … 35
- カジノ(リゾート・ワールド・セントーサ) … 75
- カトン・アンティーク・ハウス … 63
- 旧ブキ・ティマ駅 … 78
- クーン・セン・ロード … 62
- クラウド・フォレスト … 24
- 国立ラン園 … 28
- 5ドル紙幣の木 … 29

さ
- サンズ・スカイパーク 展望デッキ … 32
- サンパン・ライド … 35
- シー・アクアリウム … 71
- シロソ・ビーチ … 77
- シンガポール川リバー・クルーズ … 38、143
- シンガポール国立博物館 … 67
- シンガポール植物園 … 26
- シンガポール動物園 … 54
- シンガポール・フライヤー … 39、141
- ジンジャー・ガーデン … 29
- スーパーツリー・オヴザーヴァトリ … 22
- スカイヘリックス・セントーサ … 13
- スカイライン・リュージュ … 76
- スペクトラ … 37
- スリ・ヴィラマカリアマン寺院 … 148
- スリ・スリニヴァサ・ペルマル寺院 … 149
- スリ・マリアマン寺院 … 145
- スルタン・モスク … 147
- スワン・レイク … 29
- スワン・レイク・ガゼボ … 29
- 政府観光局(マーライオン) … 152
- セントーサ・センサリスケープ … 13

た
- タンジョン・ビーチ … 77
- チー・ティアン・ゴン寺院 … 150
- チャンギ国際空港 … 12、166
- ティアン・ホッケン寺院 … 145
- デジタル・ライト・キャンバス … 35
- ドルフィン・アイランド … 75

な
- ナイト・サファリ … 51
- ナショナル・ギャラリー・シンガポール … 66

は
- バード・パラダイス … 12、57
- ハウ・パー・ヴィラ … 78
- ハジ・レーン … 146
- ババ・ハウス … 58
- パラワン・ビーチ … 77
- フォート・カニング・パーク … 143
- ブッダ・トゥース・レリック寺院 … 144
- プラナカン博物館 … 12
- フラワー・ドーム … 24
- フローラル・ファンタジー … 23
- ヘンダーソン・ウェーブ … 78
- マーライオン・パーク … 152
- マウント・フェーバー・パーク(マーライオン) … 152
- マリーナベイ・サンズ … 30
- メガジップ … 76
- ユニバーサル・スタジオ・シンガポール … 72
- ラッフルズ上陸記念の地 … 140
- リゾート・ワールド・セントーサ … 70
- リバー・ワンダー … 56
- レイン・オクルス … 35
- レイン・フォレスト … 29

◆ グルメ

あ
- 阿昌粥(アー・チャン・ボリッジ) … 93
- アー・ラーマン・ロイヤル・プラタ … 93
- イー・シュアン・ハンドメイド・バンミエン・イーティング・ハウス … 88
- 85レッドヒル・テオシュー・フィッシュボール・ヌードル … 89
- オーシャン・カリー・フィッシュ・ヘッド … 91
- オートラム・パーク・チャークェイティオ・ミー … 89

か
- ココナッツ・クラブ … 95
- コピティアム … 48

さ
- サミーズ・カリー・レストラン … 90
- サン・ラクサ・スチームボート … 93
- ジャンボ・シーフード … 86
- ジュラシック・ネスト・フード・ホール … 25
- 三盃両件(スープ・レストラン) … 94

- 328カトン・ラクサ … 88
- セ・ラ・ヴィ … 32
- セン・キー・ローカル・デライト … 89

た
- 陳生成山瑞补品(タン・セー・セン・ハーバル・スープ) … 92
- チャターボックス … 83
- 津津餐室(チン・チン・イーティング・ハウス) … 85
- 天天海南鶏飯(ティエン・ティエン・ハイナニーズ・チキン・ライス) … 84
- ティオン・バル・マーケット … 49
- ティフィン・ルーム … 42
- トゥル・ブルー … 61

な
- ニュートン・フード・センター … 47、107

は
- バイオレット・オン … 61
- バナナ・リーフ・アポロ … 91
- ビーズ・ニーズ … 27
- 吊橋頭 大華猪肉粿條麺(ヒル・ストリート・タイホア・ポーク・ヌードル) … 45
- ヒルマン … 94
- ファイブ・スター・レストラン … 83
- ブーティエン … 95
- フード・オペラ … 48、107
- フーバーズ・ブッチャリー … 151
- 文東記(ブーン・トン・キー) … 82
- ブッチャーズ・ブロック … 42
- ブラック・タップ・クラフト・バーガーズ&ビア … 34
- ブランコ・コート・ブラウン・ミー … 88
- ブルー・ジンジャー … 60
- ポー … 96
- ホーカー・チャン … 45
- ポー・キー・イーティング・ハウス1996 … 92
- ホータス … 25

ま
- マーガレット … 25
- マカンストラ・グラットンズ・ベイ … 47
- マックスウェル・フード・センター … 47、107
- マレーシアン・フード・ストリート … 75
- ムトゥース・カリー … 91
- メルベン・シグネチャー … 87
- モンティ … 39

174

- 亞華
  - （ヤー・ファ・バクテー）……… 92
- ラヴォ・イタリアン・レストラン＆
  - ルーフトップ・バー ……… 33
- ラオ・パ・サ・フェスティバル・
  - マーケット ……… 46、107
- ラサプラ・マスターズ ……… 34、49
- ラシーヌ ……… 97
- ラッキー・チキンライス ……… 84
- リストランテ・タカダ ……… 97
- レッドドット・ブリューハウス ……… 151
- レッド・ハウス ……… 87
- ロイ・キー・ベスト・チキンライス ……… 85

◆ スイーツ＆カフェ

- 阿秋甜品
  - （アーチュウ・デザーツ）……… 107
- アビアリー ……… 109
- イーシン・シュエン・ティーハウス ……… 105
- エルイー・カフェ ……… 106
- カフェ・クレムス ……… 102
- キリニー・コピティアム ……… 101
- グランド・ロビー ……… 43
- コートヤード ……… 98
- コモン・マン・コーヒー・ロースター ……… 102
- ジンジャー・リリー ……… 99
- ティー・タイム ……… 105
- ティー・チャプター ……… 104
- ティラミス・ヒーロー ……… 108
- トゥエンティ・エイト・カフェ ……… 103
- トースト・ボックス ……… 101
- バーズ・オブ・パラダイス ……… 109
- ピーエス・カフェ ……… 103
- プリヴェ ……… 103
- プロジェクト・アサイー ……… 108
- ブンガワン・ソロ ……… 106
- 味香園甜品
  - （メイ・ヒョン・ユエン・デザート）……… 106
- ヤ・クン・カヤートースト ……… 100
- 喜園咖啡店
  - （ワイワイ・カフェ・ディエン）……… 100

◆ ナイトスポット

- エスジー・タップス ……… 114
- コルバー ……… 114
- サウスブリッジ ……… 110
- ズーク ……… 142
- スモーク＆ミラーズ ……… 110
- ヒーローズ ……… 143
- ブルー・ジャズ・カフェ ……… 113
- マーキー・シンガポール ……… 35

- ラ・サルサ・キッチン＆バー ……… 112
- ラ・テール ……… 113
- ランタン・ルーフトップ・バー ……… 111
- レベル33 ……… 111
- ロング・バー ……… 43

◆ ショッピング

- アイオン・オーチャード ……… 136
- アイランド・ショップ ……… 125
- アイワンツー・カトン ……… 63
- 伊勢丹スコッツ ……… 133、136
- ヴィヴォシティ ……… 137
- ウェリー・バティック・
  - ファッションズ ……… 119
- 1872クリッパー・ティー ……… 129
- オーチャード・セントラル ……… 137
- オンレウォ ……… 122
- ガーディアン ……… 126
- ガーデンズ・ショップ
  - （シンガポール植物園）……… 29
- ギフト・ショップ
  - （ガーデンズ・バイ・ザ・ベイ）……… 25
- キム・チュー・クエ・チャン ……… 59
- キャット・ソクラテス ……… 123
- クッキー・ミュージアム ……… 131
- グリフォン・ティー ……… 129
- コールド・ストレージ髙島屋店 ……… 133
- ザ・ショップス・アット・
  - マリーナベイ・サンズ ……… 34
- サニー・ヒルズ ……… 131
- ジェン・ギャラリー ……… 120
- ジャニス・ウォン ……… 130
- ジャマール・カズラ・
  - アロマティックス ……… 118
- ジュエル ……… 138
- ジョー・チャット・コンプレックス ……… 63
- スーパーママ ……… 123
- 313@サマセット ……… 137
- セフォラ ……… 127
- 髙島屋シンガポール ……… 136
- チャールズ＆キース ……… 124
- チャイナタウン・コンプレックス ……… 144
- チャイニーズ・スーベニア・ショップ
  ……… 120
- TWGティー・ガーデン・アット・
  - マリーナベイ・サンズ ……… 128
- ティーツー・ティー・サンテック・
  - シティ ……… 129
- ティオン・バル・ベーカリー ……… 150
- デザイン・オーチャード ……… 125
- テッカ・センター ……… 121、148
- トコ・アルジュニード ……… 119
- パークウェイ・パレード ……… 137

- パラゴン ……… 137
- ファー・イースト・ファイン・アート
  ……… 122
- ファー・イースト・プラザ ……… 137
- フェアプライス・ファイネスト ……… 133
- プラザ・シンガプーラ ……… 137
- プリティ・フィット ……… 125
- ポスト・カード ……… 127
- ムスタファ・センター ……… 134
- 余仁生
  - （ユーヤンサン）……… 127
- ラッキー・プラザ ……… 137
- ラッフルズ・ブティック ……… 131
- リトル・インディア・アーケード ……… 121、149
- ルマー・ビビ ……… 59
- 龍燕潭（茶荘）
  - （ロン・イェン・タン）……… 120
- ワトソンズ ……… 126

◆ リラックス

- SENZEブティック・スパ ……… 157
- クイーンズ・マーケット ……… 157
- グリーン・アップル・スパ ……… 158
- ザ・スパ・アット・マンダリン・
  - オリエンタル・シンガポール ……… 154
- ダマイ・スパ ……… 155
- テオチュウ・ミン・マッサージ・
  - 保健センター ……… 159
- ネイチャーランド・オーチャード・
  - ポイント ……… 156
- ハーバル・フットケア・ヘルス＆
  - ビューティー・センター ……… 159
- フラトン・スパ ……… 155
- ミスター・リーム・フット・
  - リフレクソロジー＆ヘルス・プラス ……… 158
- ラブ・デ・フット ……… 159

◆ ホテル

- インターコンチネンタル ……… 160
- ザ・ウェアハウス・ホテル
  - シンガポール・エディション ……… 13
- パークロイヤル・ピッカリング ……… 162
- パン・パシフィック・オーチャード ……… 13
- フラトン ……… 161
- ラッフルズ シンガポール ……… 40、161

175

STAFF

● 編集制作 Editors
K&Bパブリッシャーズ K&B Publishers

● 取材・撮影 Writers & Photographers
LA DITTA シンガポール LA DITTA SINGAPORE
成沢拓司 Takuji Narisawa
大原扁理 Henri Ohara
片野優 Masaru Katano
須貝典子 Noriko Sugai

● 執筆 Writers
遠藤優子 Yuko Endo
舟橋愛(able-fool) Ai Funahashi
嶋峯圭子 Keiko Shimazaki
内野究 Kiwamu Uchino

● カバー・本文デザイン Design
山田尚志 Hisashi Yamada

● 地図制作 Maps
トラベラ・ドットネット TRAVELA.NET

● 表紙写真 Cover Photo
iStock.com

● 写真協力 Photographs
シンガポール政府観光局 Singapore Tourism Board
PIXTA
123RF
iStock.com

● 総合プロデューサー Total Producer
河村季里 Kiri Kawamura

● TAC出版担当 Producer
君塚太 Futoshi Kimizuka

● エグゼクティヴ・プロデューサー
Executive Producer
猪野樹 Tatsuki Ino

おとな旅プレミアム
シンガポール

2025年3月11日 初版 第1刷発行

著　者　TAC出版編集部
発行者　多　田　敏　男
発行所　TAC株式会社 出版事業部
　　　　　　　（TAC出版）

〒101-8383 東京都千代田区神田三崎町3-2-18
電話　03(5276)9492(営業)
FAX　03(5276)9674
https://shuppan.tac-school.co.jp

印　刷　株式会社　光邦
製　本　東京美術紙工協業組合

©TAC 2025　Printed in Japan　ISBN978-4-300-11277-9
N.D.C.292　　　　　落丁・乱丁本はお取り替えいたします。

本書は、「著作権法」によって、著作権等の権利が保護されている著作物です。本書の全部または一部につき、無断で転載、複写されると、著作権等の権利侵害となります。上記のような使い方をされる場合には、あらかじめ小社宛許諾を求めてください。

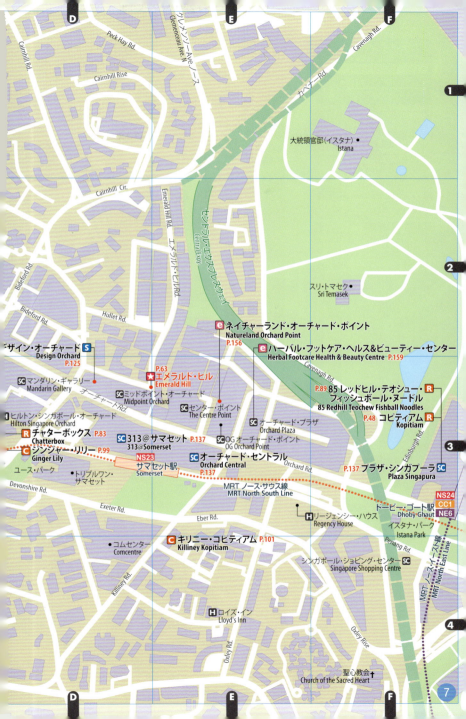

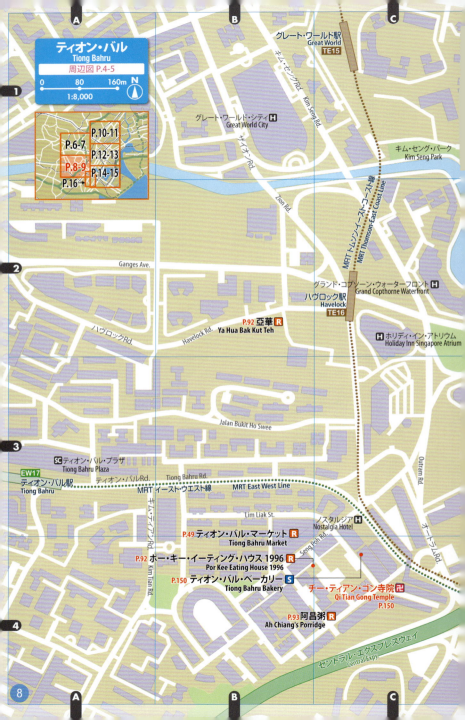

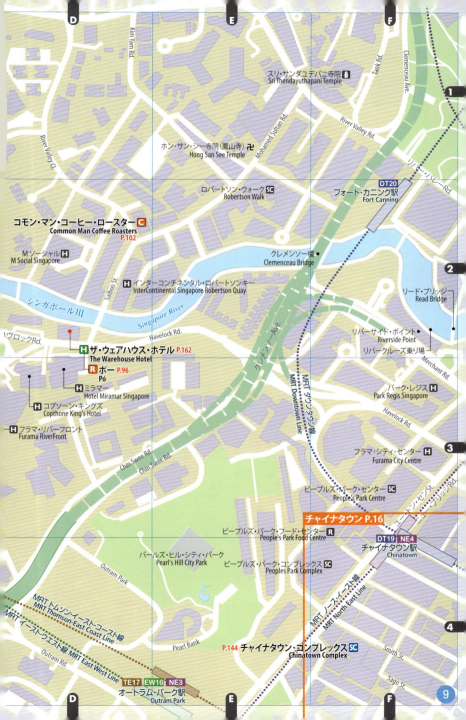

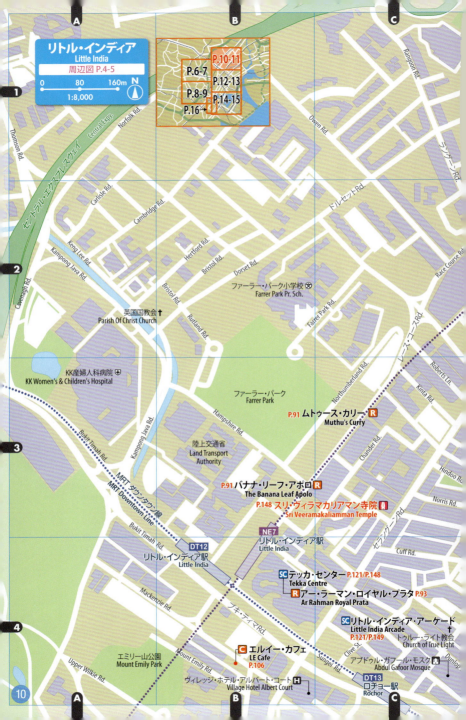

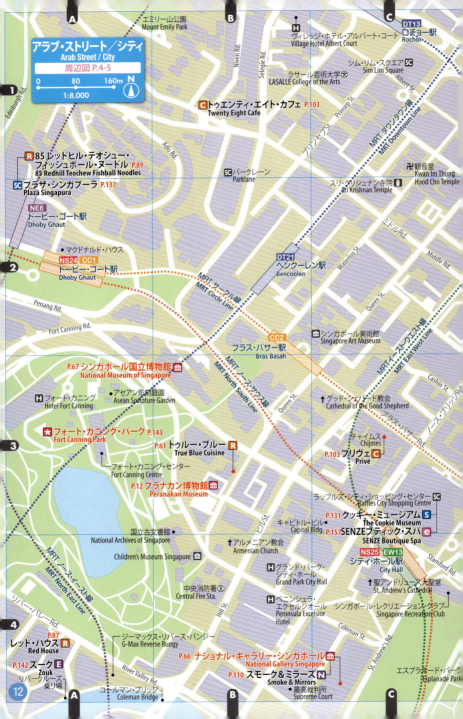

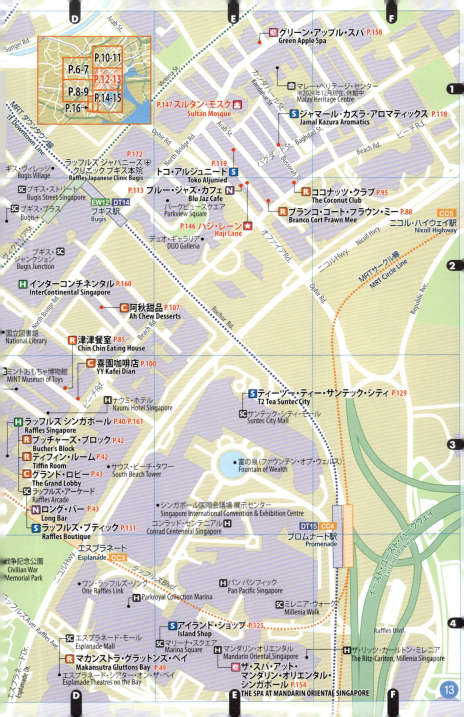

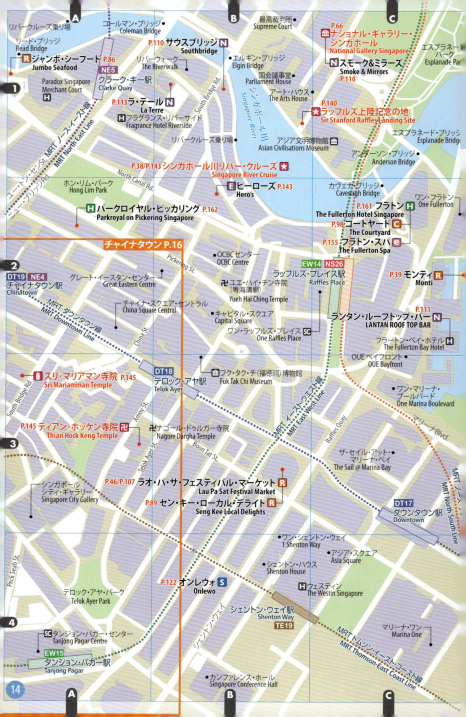

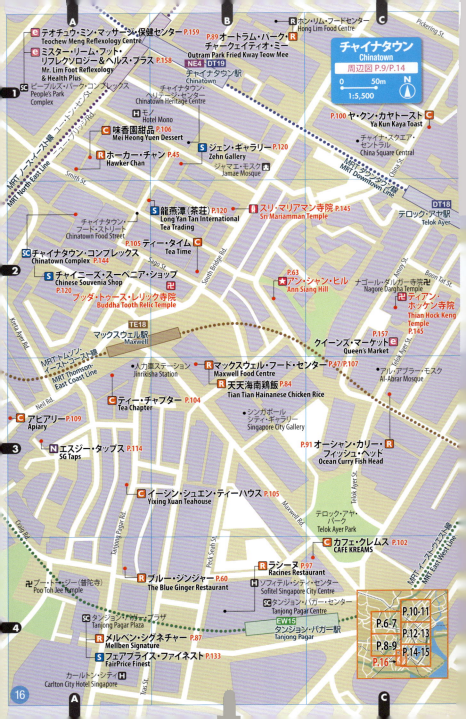

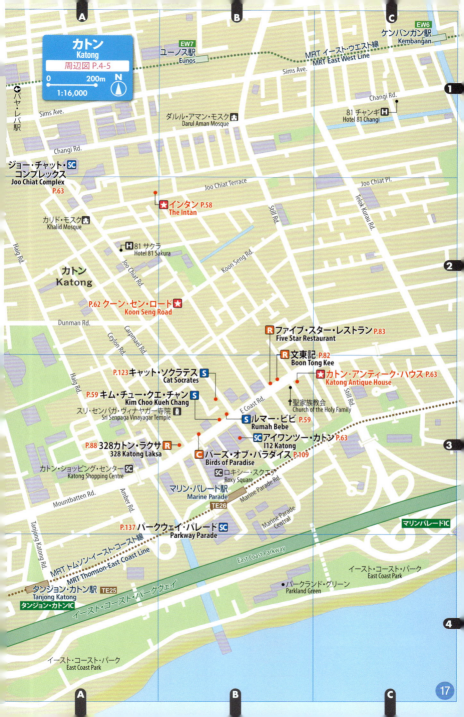

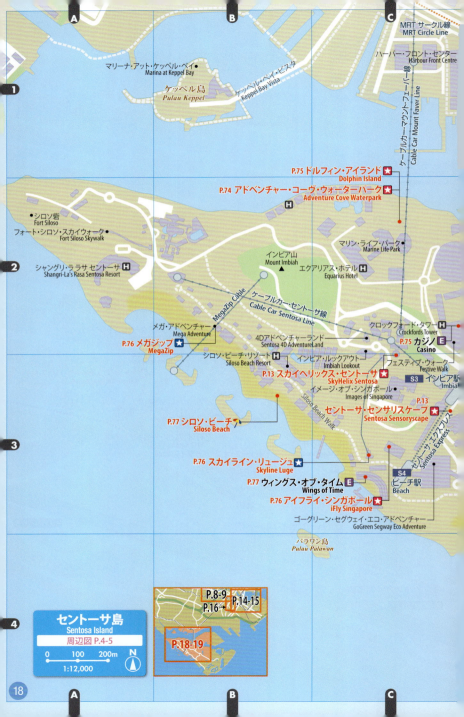

TRAFFIC INFORMATION
シンガポールの交通

MRTかタクシーが移動手段の基本となる。MRTはシステムが独特なので、しっかり理解しよう。チャージ式のez-linkカードはバスなど交通機関のほか、コンビニの支払いにも利用でき便利。

これだけで、街歩きは自由自在

 MRT Mass Rapid Transit

シンガポール全体をくまなく結んでいて、旅行者の基本的な移動手段となる。路線は色分けされているため、初めてでもわかりやすい。郊外を走るLRTもある。

MRTのマークを覚えておこう
行き先と乗場をチェック！

チケット

公共交通機関で使えるプリペイド式カード

ez-linkカード ez-link Card

MRTのほか、LRT、バスなどの公共交通機関やタクシー、ホーカーズでも利用することができるプリペイド式交通カード。乗車のたびに券売機に並ばずに済み、料金も割安になるため、頻繁にMRTに乗車するならお得。
|購入場所| MRT窓口、セブンイレブンなど。
|デポジット| カード代がS$5必要。
|チャージ| S$5が最初にチャージされている。チャージ(Top Up)はS$10単位ででき、MRT券売機やセブンイレブン(手数料がかかる)などで行う。クレジットカードも利用可。チャージ金額は窓口で払い戻しが可能。カード代は払い戻し不可。
|初乗り料金| S$0.95〜。残額が少なくなると改札を通れなくなる。

そのほかの支払い方法

非接触決済ができるクレジットカード(コンタクトレス決済)でもMRT・LRT・バスに乗車可能。ただし、外国発行のクレジットカードで乗車する場合、1日当たりS$0.6の手数料が発生。クレジットカード機能を備えたApple PayやGoogle Payでも乗車可能だ。また、SimplyGoのアプリをダウンロードすると、コンタクトレスの支払いができるほか、運賃に関する通知、支払い履歴、MRTマップ、始発・終電情報など、さまざまなサービスが利用できる。

自動券売機の使い方

① チケットを置く

カードリーダーにチケットを置く。チャージするにはAdd Valueを選択。

カードを置くと、下の画面が切り替わる

② 支払い方法と金額を選ぶ

現金やクレジットカードなど支払い方法とチャージ金額を選択し、料金を投入する。

現金はいちばん左

📍 周遊券「シンガポール・ツーリスト・パス」
Singapore Tourist Pass

MRT、LRT、バスが、期間内乗り放題になるバス。最初の使用からその日の23時59分までで日数をカウント。連続する2日、3日に適用される。チャンギ国際空港では、記念品になるカードやチャームの買い切りタイプが手に入る。
|購入場所| 主要駅にあるTransitlinkチケットオフィス。
|料金| 1日S$17、2日S$24、3日S$29。

20

MRTの主な路線

路線名	色	路線の概要	主な乗換駅
イースト・ウエスト線 East West Line	🟩	シンガポール東端にあるパシ・リスからシティ、ティオン・バルを経由し、西の郊外とを結ぶ。空港行の支線もある。	Bugis駅、City Hall駅、Tanah Merah駅
ノース・サウス線 North South Line	🟥	マリーナからシティ、オーチャードを経由し北の郊外まで結ぶ路線。動物園方面へ向かう際も利用する。	Dhoby Ghaut駅、City Hall駅、Marina Bay駅
ノース・イースト線 North East Line	🟪	セントーサ島近くのハーバーフロントからチャイナタウン、リトル・インディアを経由し北東の郊外まで結ぶ。	Chinatown駅、Dhoby Ghaut駅、Little India駅
サークル線 Circle Line	🟧	中心部を囲む環状線。プロムナードからマリーナ・ベイとドービー・ゴートに向かう支線に分かれる。	Marina Bay駅、Bayfront駅、Dhoby Ghaut駅
ダウンタウン線 Downtown Line	🟦	北部の郊外と東部を結ぶ路線だが、中心部では、リトル・インディア、チャイナタウン、ベイフロントを経由する。	Bayfront駅、Bugis駅、Little India駅
トムソン・イースト・コースト線 Thomson-East Coast Line	🟫	北部からオーチャードやマリーナ・ベイを経由し、東部へと続く。2025年1月現在ベイ・ショア駅まで開通。	Orchard駅、Marina Bay駅

MRTの乗り方

① チケットを買う

z-linkカードまたは「シンガポール・ツーリスト・パス」を購入する。あるいはビザかマスターの非接触決済カードでも乗車可(チケット購入不要。外国発行のカードは要・手数料)。

ここにタッチ

② ホームへ向かう

改札のセンサーにチケットを近づけるとゲートが開く。表示されている色を確認し、目的の路線のホームへ向かう。

③ 乗車する

到着までの時間が表示されている。ホームドアがある駅では、車両が駅に到着すると自動的に開く。

決まった時刻表はない　ホームドアが開いたら乗車

④ 降車する

アナウンスをよく聞いて目的地に着いたら車両を降りる。乗り換える場合は表示板の矢印に従い、次のホームへ進む。駅を出る場合は、周辺の施設が表示された案内板を探し、目的地に近い出口へ向かう。

MRTでの禁止事項

車両内のほか駅構内でも飲食は不可。暑いなかを歩いたあとでつい飲み物に手が伸びてしまいそうだが、注意したい。そのほかドリアンや可燃液体の持ち込み、喫煙、駆け込み乗車も禁止されていて、違反すると高額な罰金が設定されている。

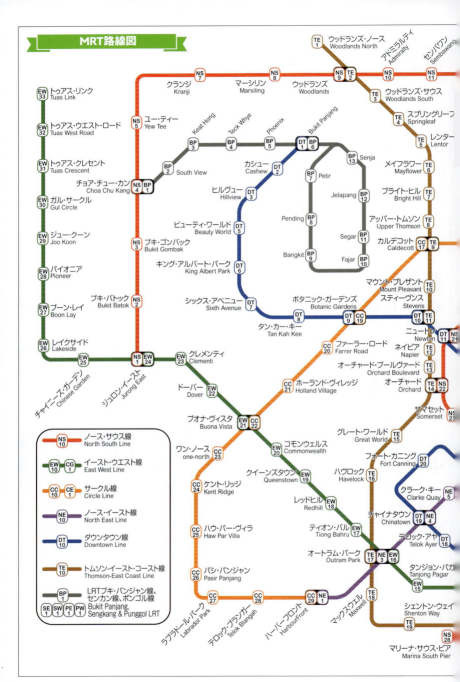

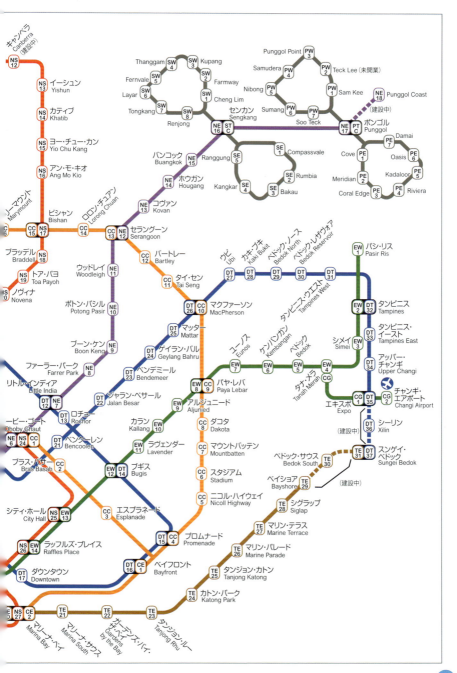

乗り場でも流しでもつかまえられる

 タクシー Taxi

どこから乗る?
主要ショッピングセンターの前やホテル前にタクシー乗り場があるほか、通りでも流しのタクシーをつかまえることができる。

気軽に利用できて便利な交通手段

料金はどのくらい?
メーター制で安心して利用することができ、料金も日本と比べると安いので使いやすい。料金は車種によって異なる。

通常のタクシー料金

初乗り	S$4.40〜4.80
以降、10kmまで400mごと 10km以上は350mごと	26¢加算
平日の6:00〜9:29(祝日を除く) 平日の17:00〜23:59(祝日を含む)	ピーク料金で25%加算
週末の10:00〜13:59(祝日を含む) 週末の17:00〜23:59(祝日を含む)	ピーク料金で25%加算
24:00〜翌5:59	深夜料金で50%加算

シティエリア、マリーナベイ・サンズ、リゾート・ワールド・セントーサ、チャンギ国際空港などから出発すると、S$3〜8の特別料金が発生する。

自動車配車アプリ「Grab」

近年、世界的に普及している自動車配車アプリ。シンガポールではUberは撤退しており、Grabが主流となっている。日本ではあまり普及していないためなじみがないが、乗車前に料金がわかる、クレジットカードでの支払いが可能、一般的にタクシーよりも安く済む、と利点は多い。

タクシーの乗り方

① タクシーを拾う

空車のタクシーは、緑の表示。スコール時や夕方はつかまりにくい。

電話で呼び出すこともできる

② タクシーに乗る/降りる

ドアは自分で開け閉めする。後部座席もシートベルト着用が義務付けられている。メーターは通常料金が表示されていて、精算時に特別料金が加算される。レシートに特別料金の内訳のほか、タクシー会社の連絡先や車のナンバーが書かれているので、何か問題があった際は連絡を。

メーターが動いているかしっかり確認

セントーサ島へ渡る、アトラクションのようなモノレール

セントーサ・エクスプレス Sentosa Express

セントーサ島とシンガポール本島をつなぐ交通機関。本島側の乗り場となるヴィヴォシティ駅はヴィヴォシティ3階にあり、セントーサ島内に3つの駅がある。セントーサ駅から乗車する場合のみ入島料としてS$4かかるが、セントーサ島内では乗り降り自由。
🚇Ⓜハーバーフロント駅直結 🕐7:00〜24:00
🈁無休 💴S$4

ケーブルカーでもアクセス可能

セントーサ島内の移動手段としても活躍

使いこなせば移動範囲が広がる

 バス Bus

地元の人以外には利用は難しそうに思えるが、アプリを活用すれば初めてでも安心して乗車できる。料金は距離制でカードではS＄1.19〜、現金ではS＄1.90〜。現金はおつりが出ないので、ez-linkカードがおすすめ。

バスの乗り方

① バス停を探す
Googleマップに目的地を入れて経路を検索する。最寄りのバス停と路線を確認する。

② バスに乗る
乗車する路線のバスが近づいてきたら、手を挙げて乗車の合図を。現金払いの場合は、運転手に行き先を告げ料金を支払う。ez-linkカードは機械にタッチする。終点までの料金がチャージされていないと乗車できない。

> 乗車時、降車時ともタッチ

③ バスを降りる
目的地に近づいたら、ボタンを押して下車の合図を。Googleマップで現在の位置を見れば、アナウンスが聞き取れなくても理解できるだろう。ez-linkカードは下車時に再度機械にタッチする。

開放感いっぱいの観光兼移動手段

 観光バス Tourist Bus

乗り降り自由のオープントップバスで主要観光地をまわるツアーは、移動手段にもなり、街を把握するにももってこい。

ダック・ツアーズ／ビッグ・バスのバスツアー
Duck Tours / Big Bus

> 各所で見る赤い2階建てバス

「ビッグ・バス・シンガポール・ホップオン・ホップオフ・バスツアー」ではレッドライン（バス停15）とイエローライン（バス停9）で乗り降りし、自由に人気スポットを観光できる（日本語音声ガイドあり）。1日S＄63、2日S＄75、2日ナイトツアー付きS＄115。「シンガポール・ナイトバス・ツアー」（S＄63。3時間。英語ガイド付き）では、サテの試食、ガーデンズ・バイ・ザ・ベイの光と音のショーなどを鑑賞可能。

ファンヴィーのバスツアー FunVee

シティ・ツアーズが運営するバスツアー。1日S＄23.70〜。シティを中心に巡るグリーン線は9〜17時、20〜30分間隔、マリーナやチャイナタウンを巡るオレンジ線は10時45分〜17時39分、どちらも60分間隔で運行。

25

旅の英会話
ENGLISH CONVERSATION

英語はシンガポールの共通言語。
簡単なやりとりができれば、旅もスムーズに。
地元の人がよく使うシングリッシュにもトライ。

基本フレーズ

☐ をください(お願いします)。
☐, Please.
プリーズ

ex. コーヒーをください。
Coffee, Please.
コーフィー プリーズ

☐ はどこで買えますか。
Where can I get ☐ ?
ウェア キャナイ ゲット

ex. 水はどこで買えますか。
Where can I get mineral water ?
ウェア キャナイ ゲット ミネラル ウォーター

☐ まで距離はどのくらいですか。
How far is it from here to ☐ ?
ハウ ファ イズィット フロム ヒヤ トゥ

ex. チャイナタウンまで距離はどのくらいですか。
How far is it from here to Chinatown ?
ハウ ファ イズィット フロム ヒヤ トゥ チャイナタウン

☐ へはどうやって行けばいいですか。
How do I get to ☐ ?
ハウ ドゥ アイ ゲットゥ

ex. セントーサへはどうやって行けばいいですか。
How do I get to Sentosa ?
ハウ ドゥ アイ ゲットゥ セントーサ

《タクシー内で》 ☐ まで行ってください。
To ☐ , Please.
トゥ プリーズ

ex. ラッフルズ・ホテルまで行ってください。
To Hotel Raffles, Please.
トゥ ホテル ラッフルズ プリーズ

☐ 行きのバス乗り場はどこですか。
Where is the bus stop for ☐ ?
ウェア イズ ダ バス ストップ フォー

ex. 国立博物館行きのバス乗り場はどこですか。
Where is the bus stop for National Museum ?
ウェア イズ ダ バス ストップ フォー ナショナル ミュージアム

このバスは ☐ へ行きますか。
Does this bus go to ☐ ?
ダズ ディス バス ゴートゥ

ex. このバスはシンガポール植物園へ行きますか。
Does this bus go to Singapore Botanic Gardens ?
ダズ ディス バス ゴートゥ シンガポール ボタニック ガーデンズ

街なかでの会話

タクシー乗り場はどこですか。
Where is the taxi stand ?
ウェア イズ ダ タクスィ スタンド

《MRT・バス内で》この席は空いていますか。
May I sit here ?
メアイ シット ヒア

両替はどこでできますか。
Where can I exchange money ?
ウェア キャナイ エクスチェンジ マニー

写真を撮っていただけますか。
Could you take our pictures ?
クッジュー テイク アワ ピクチャーズ

日本語を話せる人はいますか。
Is there anyone who speaks Japanese ?
イズ ゼア エニワン フゥ スピークス ジャパニーズ

トイレはどこですか。
Where is the restroom ?
ウェア イズ ダ レストルーム

ショッピングでの会話

見ているだけです。
I'm just looking.
アイム ジャスト ルッキング

試着してもいいですか。
Can I try it on ?
キャナイ トゥライット オン

大きい(小さい)サイズはありませんか。
Do you have a bigger (smaller) one ?
ドゥ ユー ハヴァ ビッガー(スモーラー) ワン

これはいくらですか。
How much is this ?
ハウ マッチ イズ ディス

これをください。
I'll take this.
アイル テイク ディス

クレジットカードで払えますか。
Can I use a credit card ?
キャナイ ユーザ クレジット カード

領収書をください。
Can I have a receipt, please ?
キャナイ ハヴァ リシート プリーズ

返品(交換)したいのですが。
I'd like to return (exchange) this.
アイドゥ ライク トゥ リターン(エクスチェンジ) ディス